LES HYPOTHÈSES SCIENTIFIQUES

RELATIVES AU

SAINT SUAIRE DE TURIN

—

LEUR DISCUSSION

PAR

A.-L. DONNADIEU

DOCTEUR ÈS-SCIENCES

PROFESSEUR A LA FACULTÉ CATHOLIQUE DES SCIENCES DE LYON

—

Extrait de « l'Université Catholique ».

LYON

IMPRIMERIE EMMANUEL VITTE

18, RUE DE LA QUARANTAINE, 18

—

1903

LES HYPOTHÈSES SCIENTIFIQUES

RELATIVES AU

SAINT SUAIRE DE TURIN

LEUR DISCUSSION

Dans une étude précédente, insérée dans le n° 6 (15 juin 1902) de l'*Université Catholique de Lyon*, j'ai discuté l'ensemble des conditions dans lesquelles se serait produite cette image qui est imprimée sur l'étoffe qu'on appelle à Turin le « Saint Suaire » et que d'autres ont qualifiée « Linceul du Christ ». Puis, dans le numéro suivant (15 juillet 1902), j'ai répliqué par quelques mots seulement à une réponse adressée à mes premières observations.

J'ai considéré cette première étude comme une sorte d'entrée en matière, comme un jalon que je plantais provisoirement sur une route que je me proposais de parcourir plus lentement et plus sûrement. J'avais, en effet, annoncé des expériences en cours, sur lesquelles je ne pouvais pas encore me prononcer, et sur lesquelles aussi j'aurais à m'appuyer, par la suite, pour établir des conclusions plus certaines. J'avais enfin demandé la trêve des vacances.

Je reprends aujourd'hui la discussion, mais je la reprends d'une façon beaucoup plus spéciale, et je l'applique

HYPOTHÈSES SCIENTIFIQUES

RELATIVES AU

SAINT SUAIRE DE TURIN

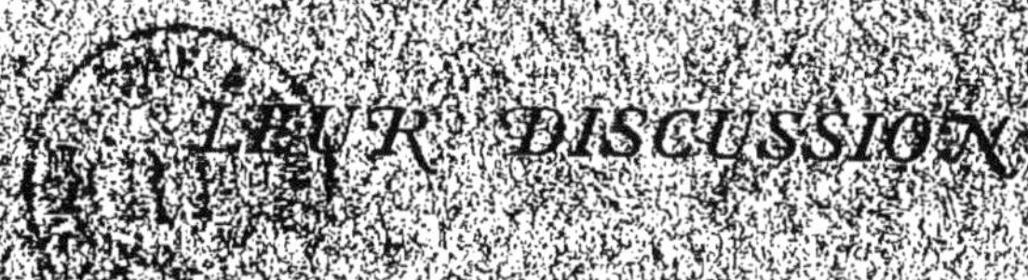

LEUR DISCUSSION

PAR

A.-L. DONNADIEU

DOCTEUR ÈS-SCIENCES
PROFESSEUR A LA FACULTÉ CATHOLIQUE DES SCIENCES DE LYON

Extrait de « l'Université Catholique ».

LYON

IMPRIMERIE EMMANUEL VITTE
18, RUE DE LA QUARANTAINE, 18

1903

LES HYPOTHÈSES SCIENTIFIQUES

RELATIVES AU

SAINT SUAIRE DE TURIN

surtout à la discussion des hypothèses par lesquelles on a cherché à expliquer le linceul du Christ. Plus tard, je l'espère, je pourrai généraliser la question et, dans une publication qui me le permettra, des planches explicatives, aussi nombreuses que le sujet l'exigera, des reproductions de documents, dont on ne pourra pas alors nier l'authenticité, accompagneront le texte. Il m'est impossible de le faire ici dans cette Revue dont les planches sont forcément et systématiquement écartées, et dont le format se prêterait d'ailleurs très mal à la chose.

Tout ceci viendra à son heure, car ce n'est pas l'œuvre d'un jour, et les jours nécessaires à l'exécution matérielle de ces sortes de publications sont parfois bien nombreux. Mais le travail est déjà commencé et j'espère le mener à bien. Si j'en parle ainsi à cette place c'est uniquement pour justifier, et surtout pour mieux accentuer le caractère de la discussion dans laquelle je viens de dire que je me renfermerai. Ce n'est pas l'image même de Turin que je chercherai à expliquer maintenant, ce sont surtout les explications scientifiques, qui en ont été données par divers, que je discuterai.

Je dirai celles de mes expériences qui m'autoriseront à réfuter la plupart des autres, je formulerai celles de mes opinions qui me paraissent contraires aux autres, et le lecteur appréciera et jugera. Je parlerai au nom de la science positive, tout comme il a été parlé en ce nom, parce que je crois en avoir le droit et les moyens.

Donc, me limitant cette fois à ce que j'indique, je diviserai mon exposé en trois parties : 1° Les Images ; 2° les Preuves ; 3° l'Hypothèse.

Dans la première partie j'examinerai en détail les planches publiées d'après les clichés de l'avocat italien, le chevalier *Secondo Pia*. Dans la seconde, j'étudierai successivement les preuves qui ont été invoquées à l'appui des explications du phénomène. Dans la troisième, enfin, je discuterai les conceptions qui ont conduit à l'hypothèse spéciale. Ceci établi, j'aborde la discussion.

I

LES IMAGES

C'est une image, c'est un cliché photographique qui a servi de point de départ à toutes les explications, qu'au nom de la science positive, qui n'en peut mais, on a cherché à donner de l'étoffe de Turin. Sans avoir jamais vu l'étoffe elle-même, sans l'avoir jamais palpée ni examinée, sans jamais avoir étudié l'image réelle, on a affirmé très impérativement que cette image était due à des actions physico-chimiques, ou naturelles, qu'on a supposées et qu'on a cherché à expliquer par des expériences, que j'ai déjà appelées latérales, sans aucun rapport avec le fait lui-même.

Je n'ai pas à discuter ici cette singulière manière de conclure, et je ne veux pas m'occuper des raisons qui la déterminent, car je veux, avant tout, éviter avec le plus grand soin tout ce qui pourrait me conduire à des discussions personnelles, et je tiens à rester dans les termes d'une discussion scientifique, la plus correcte possible. Il appartient d'ailleurs à chacun de la juger selon ses propres sentiments. Mais, par contre, ce que je peux affirmer à mon tour, c'est que je ne l'imiterai pas. La circonspection qu'impose toujours, et fatalement, une carrière scientifique déjà longue, m'interdit d'admettre qu'on puisse affirmer autoritairement une chose qu'on ne peut pas démontrer. A plus forte raison ne peut-on pas certifier qu'une chose, qu'on n'a pas vue, est ce qu'on suppose. Aussi ne dirai-je pas « Le cliché dont on a fait le pivot de toutes les discussions est faux, voilà qui est acquis », mais je dirai plus simplement et plus modestement : « Le cliché de M. Pia, qui a servi de base aux hypothèses les plus fantaisistes, ne paraît pas exact, il faut très probablement le recommencer », et je vais essayer de le démontrer.

La langue française présente, encore assez nombreuses, ces particularités où le même mot, écrit de la même manière, peut s'appliquer à des significations parfois très différentes. Le mot que je viens d'écrire est dans ce cas et c'est pourquoi je tiens à bien expliquer ma pensée à cet égard.

De ce que je pourrais écrire : « Le cliché de M. Pia est faux, » il faudrait bien se garder de conclure que je considère M. Pia comme un faussaire et que je le désigne comme tel. Ah ! non, par exemple, et celui qui traduirait ainsi ne traduirait pas du tout mon sentiment. Je suis bien loin, en effet, d'attribuer au mot faux, dans le sens où je l'emploie, l'idée de quelque chose qui contrefait la vérité, qui l'imite pour y faire croire. Ce n'est pas cela que je veux dire et j'insiste bien là-dessus. Qu'on ne se méprenne pas. Mais ce que je veux surtout exprimer par là, c'est l'idée qu'on attache à toutes choses qui ne sont pas l'expression du vrai, quand on dit, par exemple, en peinture une fausse couleur, un coloris faux, en art militaire une fausse manœuvre, en musique une fausse note, etc...

Or le cliché de M. Pia est dans ce dernier cas, il n'est pas l'expression de la vérité et c'est simplement à cause de cela que je dis « qu'il n'est pas exact ». L'auteur lui-même n'en est pas le moins du monde responsable. Il a copié le sujet tel qu'on le lui a présenté, tel qu'on lui a permis de le copier. Il a été de très bonne foi, mais on le lui a mal présenté, on le lui a fait copier dans de mauvaises conditions. Le seul point sur lequel il pourrait faire, avec raison, son *meâ culpâ* de photographe, ce serait de ne pas avoir réclamé des conditions meilleures pour la photographie. Mais il faut admettre qu'il s'est déjà estimé très heureux de l'autorisation donnée, et qu'il n'a pas songé à des exigences qui très probablement n'eussent pas été satisfaites à ce moment-là. Il l'a peut-être enfin copié à faux car, au milieu des variations relatives aux indications du procédé qu'il a employé, il est difficile de reconnaître si ce procédé a été bon, et s'il était bien approprié au modèle. On ne le connaît pas encore exactement.

Le lecteur, j'en suis convaincu, s'attend à ce que, pour justifier tout ce qui précède, je mette en avant la question du retournement de l'étoffe. Cette question a été traitée magistralement par M. Chopin, dans plusieurs publications, et les objections qui lui ont été présentées ont été plutôt piètres et non concluantes. Mais, ces objections n'en ont pas moins été possibles, car on ne pouvait s'appuyer que sur des textes à interpréter. Aussi, tout en souscrivant pleinement aux dires de M. Chopin, et tout en reconnaissant le bien fondé de ses arguments, ne peut-on pas s'empêcher de reconnaître que, pour trancher sûrement la question, il faudrait voir l'étoffe. C'est pourquoi, à ce sujet, je répète avec M. Chopin, qu'en présentant le mauvais côté de l'étoffe, le cliché de M. Pia est faussé, et que, pour juger de ce que doit être cette étoffe, il faut la voir *du bon côté*.

Mais ce n'est pas de cette manière de copier l'étoffe que je veux parler, c'est d'une manière beaucoup plus fondamentale pour la discussion, c'est d'une manière telle que cette discussion n'aura plus de raison d'être, si, comme je l'espère, ma démonstration est complète.

Le pivot principal de toute l'argumentation est celui-ci : « L'étoffe de Turin est monochrome, le dessin est brun rouge et l'image est négative ; donc, un homme n'a pas pu peindre un négatif, et une action chimique a seule produit le monochrome ».

J'écarte tout d'abord la question du négatif, pour la reprendre tout à l'heure sous une autre forme. Je l'ai discutée d'ailleurs dans ma première notice, et, depuis, M. de Mély et M. Chopin ont prouvé qu'un homme pouvait très bien exécuter un négatif et que d'une image rouge, à l'aspect de négatif, on peut obtenir directement un résultat identique à celui de M. Pia. La démonstration en est donc faite aujourd'hui ; il n'y aurait pas à y revenir si on ne devait pas considérer comme très important de réduire à néant les affirmations fondamentales, qui ont été posées, je ne dirai pas avec tant d'autorité, mais avec aussi peu de circonspection.

Il est bien facile à chacun de se convaincre de la chose.

Qu'on prenne, ainsi que je l'ai fait moi-même, une feuille de papier blanc, que sur cette feuille on trace la silhouette d'une tête humaine (j'ai pris pour modèle une tête de Christ) et qu'on garnisse la silhouette d'une teinte plate rouge brun foncé. On aura ainsi l'emplacement d'une tête d'un foncé uniforme, et ceci constituera la première planche. Qu'on répète cette figure sur une seconde feuille de papier et, cette fois, que sur la teinte plate on dessine, en jaune rougeâtre clair, l'emplacement des ombres ; qu'avec cette teinte claire on peigne sur la silhouette foncée, en conduisant le pinceau tout comme on conduit le crayon, quand on dessine au crayon noir sur du papier blanc, ou comme on conduit la craie quand on dessine à la craie blanche sur un tableau noir. Qu'on utilise pour cela les couleurs à la gouache, ce sont les plus commodes, et qu'on limite les teintes par des lignes arrêtées. On aura ainsi une deuxième planche où les ombres se détacheront en bandes claires sur un fond sombre, celui-ci appartenant aux reliefs du sujet.

Qu'on répète maintenant cette deuxième figure sur une troisième feuille de papier et que sur cette dernière, par un coup de simple lavis, on adoucisse les bords de toutes les lignes, qu'on estompe, en un mot, les bords de toutes les parties de l'image ; puis enfin, qu'on renforce, par un clair plus accentué, les parties les plus importantes des ombres (figurées en rouge clair ne l'oublions pas), et par un brun plus sombre, les reliefs les plus saillants du sujet et l'on aura, par ce travail successif, réalisé le négatif ressemblant le mieux à celui qu'on dit être sur l'étoffe de Turin. C'est la troisième planche qui sera devenue le négatif définitif, les deux premières ne seront là que pour en montrer les étapes successives, et mieux indiquer les moyens d'y parvenir.

Mais tout ceci ne peut servir qu'à infirmer cette affirmation si extraordinaire « qu'un homme ne peut pas faire un négatif ». Et cela est très accessoire, il faut bien le reconnaître, par rapport à la discussion proprement dite de l'étoffe, ainsi qu'à la discussion de l'action chimique qui aurait produit le monochrome. J'en reparlerai dans un instant.

Je reviens maintenant à ce point de départ capital, essentiellement capital même, à savoir que le cliché Pia démontre, d'après ce qui en est dit, que l'image est monochrome, en rouge brun.

Sous ce rapport le cliché Pia ne démontre absolument rien du tout, et c'est très précisément en cela qu'il est faux, et c'est encore très précisément à cause de cela qu'il est à refaire. Le pivot fondamental est entaché d'erreur, il est bien facile de le prouver.

Occupons-nous d'abord de la couleur. Il a été dit successivement à ce sujet : « Les images du Suaire sont monochromes »... « Or les images du Saint-Suaire sont, tout entières, modelées dans les tons bruns et rougeâtres »... « Elles (les taches que porte le Saint Suaire) sont d'une couleur brun rougeâtre »... « Dans les taches brunes situées au voisinage de l'axe »... « L'objet à photographier étant tout entier, *image et fond*, dans les tons jaunes, M. Pia s'est servi d'une plaque très lente, sensible aux seuls rayons jaunes »... « Le Saint Suaire est jaunâtre, couleur nankin, l'image est brune »... « Tous me dirent que de près les images étaient faites de taches brunâtres, indécises, s'évanouissant peu à peu dans le fond jaunâtre de la toile »...

L'idée qui domine dans toutes ces citations, dont quelques-unes peuvent paraître légèrement contradictoires, est celle, on le voit facilement, d'un ton rougeâtre, car il n'est pas jusqu'au jaune nankin indiqué qui ne puisse être considéré comme rappelant ce ton-là.

Examinons ensuite l'étoffe elle-même, toujours d'après ce qui nous en est dit. Nous trouvons successivement : « Elle est tout simplement pour nous une grande pièce de toile de lin, longue actuellement de 4 mètres 36, large de 1 m. 10 (chiffres rectifiés par rapport à ceux qui avaient été indiqués en premier lieu), jaunie par le temps, usée et déchirée par place » ... « Le fait seul que l'étoffe du Saint Suaire soit très légère et très souple »... « La toile du Saint Suaire est-elle aussi, une étoffe d'une extrême souplesse :

c'est l'équivalent d'un *linon moderne* »... « C'est donc là une étoffe très souple qui se tend avec une grande difficulté »... « Cela fait, nous avons cherché quelles étaient les étoffes qui, lorsqu'on les tendait, acquéraient un aspect analogue à celui que présente le Saint Suaire sur les photographies. Nous avons ainsi déterminé une sorte d'étalon qui doit, très sensiblement, être d'une finesse comparable à celle du Linceul de Turin. Cette étoffe est une véritable mousseline de lin »... « Sur une toile de batiste très souple », etc.

Voyons enfin ce qui est dit de la doublure. « Depuis 1534, le Saint Suaire se trouve appliqué, par ses bords, sur une étoffe destinée à le consolider. En 1694, le Bienheureux Sébastien Valfré remplaça la doublure de toile par une étoffe noire. Enfin, le 28 avril 1868, Mme la princesse Clotilde changea elle-même la doublure qui était détériorée, et en mit une neuve en taffetas *cramoisi*. »

Rapprochons maintenant tous ces éléments ; nous avons en face de l'objectif une étoffe d'une très grande légèreté, d'une grande finesse et d'un tissu dont les mailles sont, comme les mailles de tous les tissus analogues suffisamment ajourées pour que la doublure rouge qui est derrière TRANSPÁRAISSE à travers le tissu. *Voilà tout le secret.*

De quelle couleur sont les images que porte l'étoffe ? Je n'en sais rien, et tant que je ne les aurai pas vues je ne peux pas le dire. Tous ceux qui ne les ont pas vues ne peuvent pas le dire mieux que moi. Mais ce que je peux dire affirmativement c'est que, d'après tout ce que je viens de citer, on a vu un camaïeu à tons rougeâtres, là où on n'a vu peut-être qu'un effet optique d'une doublure.

Si l'œil humain s'y est trompé, la plaque photographique, elle, ne s'y est pas trompée, et, si l'orthochromatisme a été utilisé, le résultat n'a été que plus affirmatif, le rouge de la doublure n'en a que mieux produit son effet. Et si on y ajoute enfin l'action de la lumière électrique, surtout celle d'une lampe à arc qui, au point de vue photographique, modifie parfois si singulièrement les rouges et les jaunes, cet effet aura été encore plus complet.

Chacun peut s'en rendre compte. Sur un linon moderne, ou même sur une simple batiste un peu fine, qu'on peigne une figure quelconque en un ton brunâtre. Qu'on ne peigne que la figure et qu'on laisse le fond intact, ou qu'on teinte légèrement le fond, peu importe. Qu'on dispose l'étoffe successivement sur un papier cramoisi, sur un papier vert, sur un papier jaune, sur un papier bleu ; qu'en un mot, on varie le fond comme on le voudra. Qu'on photographie enfin, et successivement encore, par les procédés ordinaires, par les procédés orthochromatiques, par la lumière du jour et par la lumière électrique, et l'on obtiendra les résultats les plus différents. L'œil sera déjà très sensible aux changements de fonds, mais la plaque photographique qui, par rapport à l'actinisme des couleurs et des lumières, se comporte tout autrement, le sera bien encore davantage et elle le prouvera, surtout si la translucidité est intervenue.

La transparence de la doublure à travers le tissu léger de l'étoffe est un fait absolument incontestable dont il est bien facile de se rendre compte. Cette transparence bouleverse complètement l'action photogénique et la plaque photographique accuse, par rapport à l'étoffe elle-même, un résultat absolument faux. On se demande vraiment comment un photographe de la valeur de celle qu'on attribue à l'amateur Pia, n'a pas songé à toutes ces choses, et n'a pas vu que ces conditions n'étaient pas celles dans lesquelles on photographie un document de cette nature.

Que ceux qui ont traduit les images de M. Pia, par irréflexion ou par absence du contrôle original, n'y aient rien compris, cela n'a rien qui puisse surprendre. Une idée préconçue conduit toujours l'esprit vers la constatation de ce qui peut le confirmer dans ses suppositions, et lui fait négliger tout le reste. Or, ici, l'idée préconçue était que l'étoffe de Turin devait être monochrome. Aussi ne s'est-on préoccupé que de ce qui pouvait lui donner l'aspect d'un monochrome, sans se demander si la polychromie n'existerait pas quand même sous cet aspect. La question a été tranchée par une opinion simplement personnelle, et, sans aucune démonstration positive, on a affirmé la monochromie.

Mais la démonstration que je viens de faire, et que je vais encore compléter, prouve que la question semble toute entière à reprendre, et c'est pourquoi je la pose ainsi : L'étoffe de Turin porte-t-elle une image monochrome ou une image polychrome? La réponse est d'un intérêt absolument fondamental et capital au premier chef. Elle peut justifier la suite de l'argumentation ou autoriser à en rester là; aussi ne saurait-on la discuter trop sérieusement et trop longuement. Si c'est un monochrome on peut argumenter sur les explications qui en sont données et discuter ces explications, si, au contraire, c'est une polychromie, il est inutile d'aller plus loin; l'hypothèse d'une action chimique régulière n'aurait plus de raison d'être; elle devrait disparaître et céder la place à une action humaine qui serait alors à expliquer.

Or, cette réponse, qui peut la donner positive en ce moment? Personne, absolument personne, car depuis 1868, personne, absolument personne, n'a vu l'étoffe au naturel. Tout le monde l'a vue sur une doublure rouge et tout le monde, en conséquence, l'a mal vue.

Les rouges, je viens de le dire, sont éminemment funestes en photographie. Chacun sait les difficultés considérables qu'on éprouve pour photographier un tableau où il y a du rouge. Moi-même, dans les photographies des pièces anatomiques, que j'ai disséquées si nombreuses dans ma vie, j'ai dû, bien souvent, user d'artifices pour rétablir un peu d'harmonie parmi les rouges si différents des organes viscéraux, et encore ne suis-je pas toujours parvenu à mon entière satisfaction. L'emploi des plaques sensibles au rouge donne bien certain résultat, mais alors ce sont les autres couleurs qui en souffrent. Quant aux plaques dites panchromatiques, elles ne m'ont jamais suffisamment satisfait. Aussi, je le répète, il faut se bien méfier des rouges en photographie. Là où l'œil les aperçoit à peine et croit qu'il n'y a pas à s'en préoccuper, la plaque sensible les voit admirablement bien, et leur photogénisme l'actionne sans que bien souvent on se l'explique.

Je crois très fermement et je suis très convaincu que c'est le cas de l'étoffe de Turin, et c'est précisément l'examen des photographies qu'on en a tirées, qui me fait dire que, très probablement, l'image doit être polychrome; *il faut la voir.* Le rouge de la doublure a certainement bouleversé la valeur des autres teintes, et celles-ci ne se sont pas traduites comme elles se seraient traduites si elles avaient été toutes seules, elles se sont traduites à faux.

Il a été remarqué très spécialement, et avec raison du reste, que la photographie avait, à certaines places, reproduit le tissu lui-même jusque dans ses moindres détails, et de longues dissertations ont expliqué la chose.

Or, voici ce que j'ai fait. Sur un tissu de fine batiste, j'ai fait tomber, en plusieurs points, des gouttes de sang irrégulièrement espacées; j'ai placé l'étoffe, ainsi ensanglantée, sur deux fragments de papier raccordés ensemble, l'un blanc, l'autre rouge cramoisi; j'ai recouvert le tout d'une glace mince et j'ai photographié en une seule opération.

Au-dessus du papier blanc, le blanc a corsé légèrement l'actinisme de la goutte, qui est venue un peu plus noire, ce qui la rendra d'un noir un peu plus faible sur le positif. En outre, l'étoffe a mal accusé son tissu; il faut recourir à la loupe pour en suivre, péniblement, les fils dont le blanc a de la tendance à se confondre avec celui du papier. Au-dessus du papier rouge, le résultat a présenté une dissemblance notoire. La goutte, dont l'actinisme n'a pas été troublé par celui du papier qui, au contraire, en a augmenté la faiblesse, est venue nette, claire, ce qui la rendra d'un noir plus vigoureux sur le positif. Elle paraîtra ainsi plus intense que la précédente et cependant c'est le même sang; elle est de même nature. D'autre part, les fils de la toile, aussi bien ceux de chaîne que ceux de trame, sont nettement tracés et mieux visibles, presque, que sur le tissu lui-même, leur blanc, très actinique, les ayant fait imprimer fortement sur un fond resté clair à cause du peu d'actinisme du rouge qui l'a produit.

C'est ce qui me fait dire que si le tissu de l'étoffe de Turin, est si bien venu, en certains points, c'est très probablement parce que le rouge de la doublure y a été pour quelque chose, et qu'il a produit son action là où l'étoffe était le mieux appliquée contre la doublure, car il est à peu près certain que, sur une aussi grande surface, le contact n'a pas été le même partout et l'effet n'a pas pu se produire également.

Chacun peut répéter facilement mon expérience, et chacun peut se convaincre que, si la transparence du fond à travers l'étoffe est à peine appréciable par l'œil, par contre, elle s'accuse très nettement sur la plaque photographique.

Il est absolument démontré que les Clarisses et tous ceux qui, avec elles ou en même temps qu'elles, ont examiné l'étoffe de Turin, ont vu du rouge sur cette étoffe. Les récits et les documents des historiens ne semblent pas laisser de doutes à cet égard. Si on en veut la preuve, on n'a qu'à ajouter, aux travaux déjà si probants de M. U. Chevalier, l'étude que publie actuellement le P. Thurston sur cette question. Il la discute, au point de vue historique, en s'appuyant sur les documents les plus authentiques, dans le paragraphe qu'il intitule : « Le suaire est-il monochrome ? » Des yeux humains, ont pu, plus tard, ne pas distinguer ce rouge au milieu des autres teintes et de la doublure dans lesquelles il était comme fondu, surtout dans les conditions où ils examinaient, mais la plaque photographique, elle, ne s'y tromperait pas si on lui donnait l'étoffe à examiner dans de meilleures conditions.

Toutes les questions de transparence sont essentiellement liées aux questions d'éclairage et malheureusement, sur ce dernier point, les renseignements sont aussi incomplets que possible. Si le sujet n'a été éclairé que par devant, la doublure a joué le rôle que je viens de décrire et elle est intervenue pour modifier les conditions de l'image dans des proportions suffisantes pour que cette image se soit imprimée selon une valeur inverse à la sienne. Mais, si à cette action de l'éclairage de face était venu s'ajouter un peu de celle qu'aurait pu produire un éclairage par derrière, alors les conditions changeraient encore bien davantage et l'aspect positif, qu'aurait pris le cliché direct, s'expliquerait tout seul. Or, de tout cela, nous ne savons absolument rien et nous ne pouvons, à cet égard, que conjecturer, personne n'ayant le droit d'être affirmatif à l'égard d'une chose insuffisamment connue.

Il a été dit que « pendant tout le temps que durèrent les fêtes, de nuit comme de jour, le temple fut éclairé seulement par diverses lampes électriques à arc et par les lumières des cierges de l'autel; ce qui donnait au saint lieu un aspect plus imposant, et portait les fidèles au recueillement » puis, un peu plus loin, en parlant de l'éclairage installé spécialement pour la photographie, il a été écrit : « Afin qu'on pût mieux découvrir la double image du divin corps du Christ, ainsi que nous l'avons dit déjà, on avait placé dans les pilastres, qui font face à l'autel, deux de ces lampes avec réflecteurs, qui envoyaient leur lumière sur la relique, non directement, mais en passant par des verres dépolis. Les photographies furent faites avec l'aide de cette lumière. »

En fournissant, ailleurs, le procès-verbal de l'opération on a dit : « A cet effet il fut construit une estrade (un balcon) appropriée, à la distance de huit mètres, et en face du grand autel, sur lequel était exposée la sainte Relique, derrière une glace et dans un cadre. Sur la dite estrade l'avocat Pia plaça son appareil photographique du format de 5o × 6o; la Sainte Relique était éclairée par deux phares électriques, chacun desquels, avec son propre réflecteur, masqué par des globes de verre dépoli, était placé de front et latéralement à la Sainte Relique, et à la distance de dix mètres environ de celle-ci. »

Dans toutes ces indications il n'est absolument rien dit de la situation des lampes à arc qui ont éclairé pendant tout le temps des fêtes, et surtout il n'est fourni absolument aucun renseignement sur la manière dont le cadre qui renfermait l'étoffe était disposé. Etait-il directement appliqué contre le mur ou bien y avait-il entre le mur et lui un certain espace ?

Il est très profondément regrettable que tous les récits soient si muets à cet égard, car là peut-être se trouverait le nœud de la question et, d'après ce qui serait indiqué, on pourrait conclure. Quand on prend la peine de rédiger un acte notarié pour certifier une chose, on le rédige au moins aussi complet que possible, on n'oublie rien, on dit tout ce qu'il y a à dire. Les notaires, en général, ne sont pas avares des mots, et il est vraiment dommage que, dans cette circonstance, ils se soient départis de leurs habitudes. Mais il est surtout à regretter très vivement qu'on s'appuie sur un procès-verbal aussi incomplet pour certifier, avec la dernière autorité, une chose qu'on ne connaît pas.

« Evitons si vous le voulez bien les discussions inutiles », a-t-il été imprimé à ce sujet. Cette parole est de trop, car aucune discussion n'est ici inutile, et celle-là est peut-être la moins inutile de toutes.

Ceux qui ne sont pas suffisamment au courant de la photographie se figurent mal les énormes différences qu'amène, dans la copie d'une polychromie transparente, une lumière transmise. Un peu de transparence en pareil cas produit un grand effet. Chacun peut s'en convaincre.

Sur une fine batiste qu'on peigne un sujet quelconque avec des couleurs opaques, qu'on double la toile de soie rouge et qu'on examine le tout en l'appliquant sur un papier blanc. Chacune des couleurs sera vue avec le ton qui lui appartient. Mais qu'on écarte le papier qui fait fond, suffisamment pour que la lumière circule assez intense sous la toile et l'on verra tout changer. Le dessin n'apparaîtra plus que comme une ombre où les couleurs ne seront plus différenciées.

Grâce au procès-verbal, invoqué comme une preuve irrécusable d'une affirmation non démontrée, nous ignorons complètement comment le sujet était disposé par rapport à ce qui lui servait de fond, et c'est cependant le premier point dont il eût fallu s'occuper, car c'était fondamental. S'il était appliqué directement contre une muraille, l'éclairage de face, seul, a fait son œuvre; s'il ne l'était pas, et s'il existait derrière lui un espace quelconque, la puissante lumière électrique s'y sera répandue et aura certainement amené assez de transparence pour que celle-ci ait pu produire son effet ordinaire. Il n'aurait pas été nécessaire que les lampes aient été placées derrière le sujet, et ceux qui s'appuient là-dessus commettent une erreur bien singulière, il eût suffi qu'elles aient envoyé de la lumière derrière le tableau, c'était assez. La doublure et la transparence auraient combiné leurs actions spéciales, elles auraient superposé leurs effets et la question serait jugée.

D'autre part il m'a été affirmé par plusieurs théologiens de haut mérite que « chaque fois qu'on expose une relique on doit l'exposer isolée » et celle-ci, par conséquent, a dû être isolée comme toutes les autres et ne devait certainement pas être plaquée contre la muraille. Cela aurait suffi.

Toute la discussion qui, on le voit, est bien loin d'être inutile, semble donc devoir pivoter sur ce point : y avait-il derrière le sujet, au moment où on l'a photographié, un espace lumineux, ou n'y en avait-il point? Qui nous renseignera sûrement à cet égard et qui nous permettra de fixer une solution?

En tous cas, tout ceci tend à démontrer qu'il faut bien se garder d'accepter, comme elle est offerte, cette affirmation : « le Saint Suaire n'a pas été photographié par transparence ». Je ne dis pas, moi, qu'il en a été ainsi, mais je précise et je dis qu'il est très possible qu'un peu de transparence soit intervenu, s'ajoutant à l'effet direct pour le modifier suffisamment au point de vue du résultat.

Quant à affirmer que la doublure aurait empêché la transparence, cela ne peut pas être soutenu. Une transparence pareille peut très bien se produire à travers une étoffe de soie, et tout au contraire le rouge de cette soie aurait rendu encore plus positif le positif obtenu de l'image. Et puis ici encore tout dépend d'une chose qu'on ne connaît pas et dont aucun procès-verbal ne parle : la doublure est-elle très opaque ou bien, comme la plupart des étoffes de soie, est-elle suffisamment translucide à la lumière électrique? Tant qu'on ne l'aura pas vue on ne pourra rien dire de certain, et personne ne pourra émettre une opinion affirmative; cette opinion peut être discutée. Nul, en effet, n'est obligé d'accepter l'opinion d'un autre qui n'en sait pas plus que lui.

Invoquer enfin le témoignage des clichés instantanés, dont je reparlerai spécialement, c'est enfoncer une porte ouverte et c'est aussi ne rien invoquer du tout. Pour le cliché de M. Pia, comme pour les autres, le sujet est resté dans la même situation. La seule différence a été dans la position des lampes.

Pour M. Pia deux gros phares électriques ont été placés en face, et l'acte notarié a bien soin de ne pas dire si les autres lumières ont été éteintes. Pour les instantanés, des lampes électriques ordinaires étaient placées on ne sait pas où, mais probablement bien près du sujet, puisqu'on dit qu'elles étaient disposées pour éclairer vivement ce sujet au détriment du reste de la salle, afin de porter les fidèles au recueillement. D'après cela on peut croire que l'espace derrière le tableau n'en était que plus vivement éclairé, et c'est ce qui expliquerait le mieux pourquoi le positif sur les instantanés paraît encore plus accentué que sur les clichés Pia. Ce serait presque une révélation, ou, tout au moins, un fil d'Ariane d'une certaine importance.

Pour moi, et bien d'autres, j'aime à le croire, diront de même, je ne vois qu'un seul moyen de donner une solution indiscutable à toutes les questions qui précèdent comme d'ailleurs à toutes celles qui suivront. C'est d'établir des documents certains, des documents authentiques, des documents qui deviennent des preuves devant lesquelles tout le monde s'incline. C'est de refaire les clichés Pia, exécutés à faux et dans de mauvaises conditions, et, pour les refaire, opérer, sans notaires, dans les formes suivantes:

Il faut: 1º Enlever la doublure et disposer la toile *au naturel*, 2º la tendre dans un cadre complètement ajouré, de la même manière qu'on tend un écran à projections dans son cadre. Au moyen de parcelles de toile rapportées, on fixera les boutonnières par où passeront les fils de tension ; le tout sera de grosseur et de résistance proportionnées à la toile. Ce procédé de tension sera le plus favorable pour supprimer les plis malencontreux de l'étoffe, plis qu'il est important de faire disparaître.

3° L'étoffe, ainsi disposée, on suspendra le cadre en position convenable dans un emplacement extérieur exposé à la grande lumière du jour et, de préférence, à un jour qui éclaire le tableau de face, et auquel l'objectif puisse être adossé. Sans cette dernière précaution, on serait exposé à reproduire le tableau dans les conditions de ces paysages qu'on dénature en plaçant l'objectif en face du soleil, et qu'on désigne par cette expression mensongère de clair de lune. En outre on évitera l'éclairage direct du tableau par le soleil. Il sera bon d'incliner légèrement le cadre, par en haut et en arrière, afin que la lumière se répartisse également sur toute la surface. Si le cadre était trop vertical le bas risquerait d'être légèrement ombré. On remédiera à cette inclinaison en inclinant, à son tour, l'appareil photographique, de manière à rétablir un parallélisme parfait entre le cadre et la plaque sensible. Ceci est rigoureux.

4° Derrière la toile, cette fois retournée du bon côté, on placera un verre dépoli de mêmes dimensions, le dépoli du verre étant tourné vers l'étoffe. Si on peut appliquer le tout contre un mur blanc, on le fera. Dans le cas contraire, on placera derrière le verre un grand panneau de bois peint en blanc. Ceci est pour annuler la transparence lumineuse qui pourrait se produire à travers le verre dépoli.

5° Toutes choses étant ainsi arrangées, on photographiera en choisissant, de préférence, une de ces belles matinées d'été pendant lesquelles la lumière est souvent si pure et, de préférence encore, le second tiers de la matinée qui correspond, le plus souvent, au moment où la lumière est le plus photogénique.

Pour photographier on aura avantage à employer le format 40 × 5o dont le maniement est assez commode et dont la longueur 50 permettrait 45 d'image, ce qui mettrait le cliché d'ensemble à peu près au 1/10e de l'original. Ce serait bien suffisant pour le premier cliché, car il sera indispensable de faire plusieurs clichés, l'un comprenant l'ensemble des deux images, faciale et dorsale, un second ne comprenant que l'image faciale, un troisième ne reproduisant que l'image dorsale, un quatrième donnant l'ensemble des deux têtes et allant des pectoraux à la pointe des omoplates, et enfin un cinquième spécial à la tête de face, largement reproduite alors en grandeur naturelle.

Pour l'exécution de chacun de ces clichés il ne faudra pas oublier de toujours installer l'appareil de manière à ce que l'objectif soit, très exactement, en face du centre de la partie copiée, et que la glace dépolie, et par suite la glace sensible, soit très exactement parallèle au tableau, ceci est d'une rigueur absolue.

Par les moyens que je viens d'indiquer, et que les opérateurs pourront compléter en faisant tous les clichés, alternativement, par les procédés ordinaires et par les procédés orthochromatiques, selon que leurs yeux auront apprécié les teintes des images, on obtiendra les documents les plus vrais possible, des documents qui seulement alors deviendront des preuves. On dira alors, mais alors seulement, je le répète, si les images sont polychromes ou monochromes, et si elles sont négatives ou positives ; mais jusque-là, personne n'est qualifié pour imposer autoritairement sa propre conception, et personne n'a le droit d'affirmer impérativement que « le tout constitue un dessin en camaïeu », que « la plaque n'a reçu que des rayons *monochromes* », que « les images que porte le Saint Suaire sont, du moins actuellement, modelées en négatif, » etc…

La polychromie et la monochromie, aussi bien que le négatif et le positif, sont à déterminer en regardant l'étoffe au naturel et en la photographiant de même. On raconte que ceux « à qui il a été permis de tenir le Saint Suaire entre les mains doivent être aujourd'hui bien rares ». Il n'est pas besoin qu'ils deviennent bien com-

muns, mais il faut que les appelés à « tenir le Saint Suaire
entre les mains » puissent apporter le témoignage de leurs
opinions diverses, mises d'accord par l'étoffe elle-même, et
qu'ils puissent dire au monde entier : « Voilà les preuves ».
Un pareil résultat ne pourrait pas soulever, pour être
atteint, d'autres objections que celles des frais importants
nécessités par les opérations un peu compliquées que je
viens d'indiquer, mais tout n'est-il pas permis à une
fortune royale et quelles difficultés ne peut-elle pas
aplanir ?

*
* *

Ainsi que je l'ai déjà fait remarquer, la question de la
polychromie et de la monochromie est la question la plus
fondamentalement capitale par rapport aux explications de
la science dite positive. S'il est démontré que le tableau est
polychrome, et tout ce que je viens de dire constitue de
grandes présomptions à le croire, ces explications n'ont
plus de raison d'être, tandis que, si la monochromie est
affirmée par l'examen direct, il y a lieu de la discuter et de
rechercher les véritables origines de l'image. Il faut donc,
jusqu'à cet examen, observer la plus grande prudence à
l'égard d'une conclusion autoritaire, et c'est ce que, pour
mon compte, je crois le meilleur.

Mais cette discussion des couleurs étant ainsi réservée,
je dois encore dire un mot, je l'ai annoncé plus haut, de
ce qui se rapporte à la qualité négative ou positive des
images imprimées sur l'étoffe de Turin. Je serai bref par
cette raison que je l'ai déjà discutée dans ma première
notice, et aussi parce qu'il ne faut pas perdre de vue que la
question est ici d'ordre un peu secondaire ; elle est bien
loin d'avoir l'importance de la précédente. Quand bien
même l'examen direct affirmerait que l'image est négative,
qu'est-ce que cela pourra bien prouver de plus ? Je me le
demande. Cela prouvera-t-il qu'un homme n'a pas pu la
faire ? Allons donc, il faudrait être bien entêté dans une
opinion pour le soutenir. Si l'image est négative, cela ne

signifie pas qu'un homme n'a pas pu la faire, tandis que, s'il y a de la couleur, cela dira très formellement qu'une action chimique y est étrangère.

Je possède dans mes cartons un très joli négatif dans les tons brun rouge, exécuté par un artiste, de mes amis, professeur de dessin dans un grand collège. La seule réflexion qu'il fit en me le remettant fut celle-ci : « J'ai eu tout de même de la peine pour réaliser ce que vous désiriez, mais enfin, vous le voyez, j'y suis parvenu. » J'en donnerai la figure en temps et lieu.

La qualité négative étant constatée, si jamais elle l'est, il faudra tout simplement rechercher la nature et l'origine de l'image, mais cette constatation n'aura pas, ce me semble, d'autre résultat. Actuellement cette qualité négative est discutable et je ne redirai pas toutes les raisons que j'en ai déjà données. Je me bornerai ici à un point auquel il faut attribuer une certaine importance et, partant, une assez grande valeur. Je veux parler de ces singuliers éléments de l'image qui, on le dit du moins, sont venus en négatif sur le cliché direct de M. Pia, et qui, en conséquence, doivent être en positif sur le négatif direct de l'étoffe.

Ce mélange de parties d'images, les unes positives et les autres négatives, a fort intrigué les explicateurs qui n'en ont pas encore donné l'explication. Il me paraît cependant bien simple de la fournir en disant tout simplement : Il y a du rouge dans l'image dite monochrome, et ce rouge s'est imprimé comme il devait s'imprimer, c'est-à-dire suivant son actinisme, et encore mieux si la transparence est intervenue à l'égard de son opacité.

Qu'a-t-il été constaté en effet ? Il a été dit successivement : « Les images, visibles sur le Saint Suaire de Turin, sont comparables à un négatif photographique, pour tout ce qui concerne le modelé général des corps »... « Au contraire, sur le Saint Suaire les blessures sont représentées en positif »... En parlant de l'image des caillots sanguins on a dit « qu'elle s'est faite directement en positif sur le Suaire »... et on a ajouté : « L'étoffe a pris *la couleur même de ce caillot* : c'est pourquoi ici l'empreinte est un positif »...

Ainsi donc voilà qui est bien constaté, les blessures et les traces de sang sont imprimées en positif sur le Suaire qui est lui-même négatif, et elles ont imprimé leur négatif sur le cliché direct de ce Suaire qui, lui, accuse un positif alors qu'il est en réalité le négatif de l'image primitive. En outre, « l'étoffe a pris au contact du caillot sanguin *la couleur même de ce caillot !* » Qu'on veuille bien remarquer que ce n'est pas moi qui le dis ni qui le souligne, mais je me hâte d'ajouter que je ne le crois pas ! L'étoffe ne peut avoir pris la couleur du caillot qu'à la condition de s'être incorporé le caillot lui-même. Dans ce cas, c'est du sang pur qu'il y aurait sur l'étoffe. Le sang ne cède sa couleur ni à rien ni à personne, sa couleur c'est lui-même et s'il y avait de cette couleur sur l'étoffe, on pourrait se demander qui l'y a mise. Ce qu'il y aurait alors de plus certain, c'est que... ce serait à vérifier !

Je me demande sur quoi on se base pour affirmer que l'empreinte des blessures s'est imprimée en positif sur l'étoffe. Est-ce parce que cette empreinte s'est traduite en clair sur le cliché direct? Mais dans ce cas il faut admettre que tout ce qui est clair correspond à un état positif du Suaire. Le plus ou moins de clair déterminera seulement le plus ou moins correspondant de cet état. Au point de vue de la logique on ne peut que raisonner ainsi, car il semble très difficile de déclarer qu'un clair correspond à un négatif, alors qu'un autre clair correspond à un positif.

Est-ce seulement par la situation des clairs, qui occupent les reliefs, qu'on juge de l'état négatif du modelé de l'image? Mais si cette image est plus sombre dans ceux de ses reliefs qui produisent du clair, elle doit être encore plus sombre aux points qui correspondraient à des clairs plus accentués. Si on l'admettait on devrait reconnaître : 1° qu'il faut attribuer à l'image un état monochrome; 2° que les plus fortement imprimés de tous les clairs sont les parties les plus sombres de cette image.

C'est cette deuxième considération qui a été adoptée et même affirmée, et il a été dit que les blessures avaient le plus assombri l'aloès. On a ainsi tranché la difficulté en expliquant que c'est à cet assombrissement qu'est dû l'effet singulier qu'on a constaté. Mais on a attribué au dit assombrissement une origine des plus extraordinaires. On a certifié que le sang, émettant les vapeurs alcalines les plus intenses, avait renforcé d'autant le brunissement de l'aloès aux points correspondants. La chose étant trouvée toute naturelle, ça s'expliquait tout seul.

N'étant pas assez assuré de mes résultats et de mes observations je me garderai bien d'emprunter à un style autoritaire des expressions comme celles-ci : « C'est très joli, c'est très bien imaginé, cela prouve un esprit fertile en conceptions hardies, jamais en peine pour tout expliquer, etc., mais... ça n'est pas vrai ! » et je dirai plus simplement, et surtout plus modestement : « Tout cela, c'est très beau, mais... c'est à démontrer ! »

Quand le chimiste analyse, dans ses cornues, les produits organiques, il les analyse successivement dans leur ensemble et dans leurs parties constituantes. Il analyse d'abord le sang, l'urine, la sueur, puis il recherche la composition du caillot, du sérum, de l'urée, puis enfin il cherche à savoir de quoi sont faits les globules, etc. Il peut ainsi trouver des différences d'alcalinité très grandes entre les divers éléments, mais il opère sur des masses fraîches, telles que l'organisme les lui fournit. Il leur fait dire ce qu'elles possèdent, mais il ne leur fait pas dire ce qu'elles deviennent dans des circonstances étrangères à son analyse, ni ce qu'elles font dans ces cas. Il peut donc être très imprudent de s'appuyer sur cette analyse pour conclure à un effet qui lui est étranger. Il ne s'agit pas ici de savoir si le sang est plus alcalin que l'urée, et lequel des deux l'est le plus du caillot ou du sérum ; il s'agit de savoir comment le sang se comporte quand il n'est plus dans les conditions où le chimiste en fait l'analyse.

Désirant m'en rendre compte, j'ai fait tomber quelques gouttes de sang sur de la batiste fine, sur du bois, sur de la porcelaine, je les ai laissées se dessécher lentement, et la dessication, à peine complète, je les ai toutes recouvertes d'un papier de tournesol rouge. Pendant cinq jours je les ai promenées dans les atmosphères les plus variées de nos laboratoires et je n'ai pas pu observer de bleuissement, ce qui me fait dire que le sang abandonné à lui-même ne se comporte pas de la même manière qu'à l'analyse, et c'est ce qui me fait répéter que l'explication de l'action alcaline du sang sur l'aloès plus forte que toutes les autres « est à démontrer ».

Devant l'insuccès de ce premier essai fait à sec, ainsi que je viens de le dire, j'ai eu l'idée de le répéter dans des conditions d'humidité peut-être plus favorables. J'ai donc mouillé le papier de tournesol et je l'ai appliqué sur les gouttes en expérience.

La toile avait absorbé le sang à mesure qu'elle le recevait. Il s'était par suite étalé, comme il s'étale dans ces circonstances, en formant sur les bords son auréole caractéristique du sérum. J'ai humidifié le linge et j'ai placé contre lui le papier mouillé. J'ai attendu pendant de longues heures, mais vainement, aucun changement ne s'est produit. Il en a été autrement des gouttes sur la porcelaine. Fraîches, elles accusaient très bien l'enveloppe de sérum qui englobait le caillot; desséchées, on n'y reconnaissait plus rien du tout; le bord seul s'était épaissi et le sérum ne se retrouvait pas plus séparé dans le centre que sur les bords. Quand je les ai eues recouvertes du papier mouillé, celui-ci a détrempé le sang et l'a transformé en un magma qui s'est, en partie, attaché au papier, et sur lequel il a imprimé, juste aux points correspondants, des petites taches présentant des teintes bien difficiles à décrire. En passant du noirâtre au verdâtre, avec mélange de rouge, le papier a pris toutes sortes de couleurs. Vu par transparence, il s'est surtout montré rouge, du rouge du sang, mais je n'ai pu saisir que très difficilement, par points isolés et presque par accident, cette teinte franchement bleue de l'ammoniaque actionnant le papier rouge.

Je crois pouvoir en déduire que le sang ne doit développer des vapeurs ammoniacales assez énergiques pour transformer fortement l'aloès que dans des conditions très exceptionnelles. Ces conditions je ne les connais pas.

Pour compléter encore cette série d'expériences, j'ai pris trois petites cuvettes identiques. J'y ai versé une quantité égale, dans l'une de sang frais complet, dans l'autre de sérum pur, et dans la troisième de caillot isolé par le filtrage. Je les ai placées chacune dans un cristallisoir et j'ai étalé, au-dessus, un papier de tournesol rouge. Le sang est resté en expérience pendant huit jours sans que le moindre bleuissement se soit produit, puis j'ai observé un léger bleuissement qui s'est accentué jusqu'au dixième jour, et que je n'ai pu attribuer qu'à la putréfaction qui était alors complète. En outre, ce bleuissement ne s'est produit que par le sang complet et le caillot. Au-dessus du sérum, qui est moins putrescible, après douze jours, au delà desquels je ne continuai pas l'expérience, il ne s'était pas produit. Les vapeurs alcalines ont donc attendu la putréfaction et m'en ont paru les conséquences, en vertu de cette loi, si élémentaire en chimie, qui affirme que toute matière organique en décomposition fournit des produits ammoniacaux.

Tout ceci confirme mon dire précédent, à savoir, que le sang des blessures a été incapable d'impressionner l'aloès plus vite et plus fortement que tout le reste, et qu'il faut chercher ailleurs la cause de l'effet qu'on lui a attribué sans contrôle et fort mal à propos.

Je ne discute pas que la composition chimique du sang ne le fasse, à cause de son carbonate de soude, peut-être un peu plus alcalin que tout autre chose, mais il me semble qu'au point de vue, qui doit seul ici nous préoccuper, le sang ne se comporte pas tout à fait comme tout le reste ; son action est la plus lente, la moins énergique et la moins connue dans ses causes autant que dans ses effets. Est-on alors fondé à croire que le sang a agi sur l'aloès avec une énergie au-dessus de toutes les autres ? Passe encore si on ne faisait que le supposer, mais on l'affirme.

Quant à moi, je proposerai une explication qui me paraît beaucoup plus naturelle et, surtout, beaucoup plus acceptable. J'ai dit qu'il y avait du rouge sur l'étoffe de

Turin et je précise : « A l'endroit des blessures il y a du rouge. »

C'est ce qui me paraît expliquer le mieux pourquoi elles sont venues en clair sur le négatif, en ce clair qu'on a considéré comme un négatif et d'où on a conclu à l'état positif du point correspondant sur le Suaire. Leur rouge, renforcé par celui de la doublure, s'est imprimé comme s'impriment tous les rouges par suite de leur très faible actinisme, c'est-à-dire en clair. Les rouges impressionnent mal la plaque photographique qui demeure plus ou moins transparente à leurs endroits et qui fournit ensuite, sur l'image positive et en ces points, des noirs plus ou moins intenses, de ces noirs qui, s'accentuant sur le positif du cliché Pia, ont fait dire qu'ils étaient positifs sur l'étoffe.

De mon hypothèse, ou de l'autre, quelle est la bonne ? L'étoffe seule le dira un jour, et tout ce que je peux faire, pour le moment, c'est de maintenir la mienne en espérant qu'elle sera confirmée.

Mais il est un dernier point de vue auquel il faut se placer pour en finir avec cette discussion du positif et du négatif, c'est celui qui consiste dans la manière dont on représente l'étoffe même. Par les opérations de M. Pia cette étoffe a donné un cliché dont le modelé seul est positif. De ce cliché on a tiré une épreuve dont le modelé est naturellement devenu négatif, et celle-ci a été représentée comme étant identique à l'image de l'étoffe, comme représentant cette image telle qu'elle est sur l'étoffe. Voilà comment est le Suaire, dit-on. Est-ce bien exact ?

Sur un papier jaune clair, même dans les tons jaune de chrome, c'est-à-dire les plus clairs, qu'on dessine un positif en violet, même violet foncé, on constituera ainsi une image qui, pour l'œil le plus exercé, sera un positif parfait. Le violet occupera les creux et les ombres, le jaune sera à la place des saillies, ou reliefs, et des clairs. Qu'on fasse un cliché direct de cette image et ce cliché qui devrait être un négatif sera en réalité un positif à son tour absolument parfait. Les noirs y occuperont les creux et les clairs seront à la place des reliefs. L'œil, qui examinera tout à la fois le cliché et le modèle, n'aura pas une seconde d'hésitation pour affirmer que tous deux sont positifs. J'ai réalisé cet essai, et personne des nombreux artistes et photographes à qui je l'ai montré ne s'y est trompé.

Que l'expérience soit continuée et que du cliché on tire, soit un second cliché, soit une simple épreuve, qu'arrivera-t-il ? La nouvelle copie qui, normalement, devrait être un positif, sera cette fois un négatif absolu, et si on compare ce négatif avec l'original, il deviendra absolument impossible de dire que l'un représente l'autre et que les deux se ressemblent. A plus forte raison ne pourra-t-on pas dire qu'ils sont identiques.

Eh ! bien, c'est ce qui a été fait pour l'étoffe de Turin. Du premier cliché direct on a tiré une épreuve qui est venue forcément en négatif, et c'est cette épreuve qu'on présente comme étant l'image exacte de l'étoffe. Voilà comment sont les images sur le Suaire, dit-on, voilà sa reproduction exacte et fidèle, le voilà tel qu'il est ! De quel droit émet-on pareille affirmation, et qui peut nous dire que c'est bien ainsi. Qu'en sait-on, et qui peut le prouver ?

Je viens de démontrer qu'il pourrait bien en être autrement et je répète : « On n'a pas le droit d'affirmer que l'étoffe de Turin est ainsi, en se basant uniquement sur les simples présomptions que je viens d'indiquer. Pour exprimer cette affirmation ávec exactitude il n'y a qu'un seul moyen, un moyen sans autres considérants, il faut étudier l'étoffe de près et au naturel. *Qu'on nous la montre sous cette forme !* »

*
* *

Je vais maintenant m'occuper des images à un tout autre point de vue.

Par tableau il faut entendre tout ce que l'œil et l'objectif peuvent avoir devant eux lorsqu'ils examinent la nature pour la reproduire, l'un mécaniquement, et l'autre sensoriellement. On étend généralement cette notion, ou mieux plutôt, on la spécialise dans la représentation de cette nature par un dessin, par une gravure, par une peinture, soit encore par une photographie, et on dit de toutes ces œuvres qui représentent des tableaux, qu'elles sont elles-mêmes des tableaux. C'est pourquoi nous admettrons cette désignation de tableau aussi bien pour l'étoffe de Turin que pour la copie photographique qu'on en a exécutée dans certaines conditions.

Or, dans tout tableau, quel qu'il soit, il y a lieu de distinguer deux choses : 1º ce que j'appellerai la configuration, 2º ce qu'on peut dénommer les tonalités. La configuration, qui est, en définitive, voisine de la composition, comprend la situation, le nombre et la forme de tous les objets qui composent le tableau. Les tonalités se rapportent, dans les cas généraux, à la valeur respective des clairs et des ombres, et dans les cas de tableaux polychromes, à la valeur comparée des différentes couleurs qui les composent. Chacune de ces choses peut présenter des interprétations spéciales, quand on s'adresse à la photographie pour reproduire mécaniquement le tableau.

Des milliers de photographes reproduiront un même tableau, il est rigoureusement incontestable que les configurations seront reproduites des milliers de fois absolument les mêmes. S'il y a un point à chacun des quatre coins du tableau, et pas un au centre, il est de toute évidence qu'aucun des opérateurs n'obtiendra quatre points au centre, et pas un aux coins ; tous obtiendront les points très exactement là où il doivent être obtenus, et avec la forme et les dimensions proportionnelles à chacun d'eux. Par opposition, un seul opérateur copierait, des milliers de fois, le même tableau, que, des milliers de fois, il obtiendrait très exactement les mêmes configurations. La photographie a pour caractère essentiel de reproduire très exactement, sur la plaque sensible, ce qui est devant l'objectif ou devant le trou du sténopé. Ceci est un axiome dans le sens le plus absolu du mot, c'est une vérité qui n'a pas besoin d'être démontrée. Inutile, je crois, d'insister.

Mais, il n'en est pas de même des tonalités. Les divers opérateurs, en employant chacun un procédé particulier, le même opérateur, en employant des procédés divers, peuvent les modifier au point qu'elles pourront, à leur tour, ne pas ressembler les unes aux autres, et qu'on sera conduit, en comparant ensemble les plus dissemblables, à supposer que ce n'est pas le même tableau qui a servi de modèle. Aussi, peut-on affirmer que, quels que soient les copistes et les procédés employés, la configuration d'un tableau ne sera jamais modifiée, tandis que les valeurs de ses tonalités le seront plus ou moins.

Ce principe général étant posé, examinons le cas particulier de l'étoffe de Turin.

Ecartons, tout d'abord, ces innombrables copies qui font l'objet d'un commerce sans aucun intérêt pour notre étude, et dont nous n'avons à tenir aucun compte. Ce sont de simples éléments industriels qui ne sauraient, à aucun titre, constituer des documents scientifiques. Ne retenons que les copies qui ont servi de bases aux argumentations des auteurs qu'il faut discuter, des auteurs, que j'appellerai du début, et dont tous les industriels ont copié les œuvres, en les vantant selon leurs intérêts. Elles sont excessivement rares celles-là, on en compte tout juste *deux*. L'une a été faite par M. Pia, et l'autre est une instantanée obtenue à la dérobée au moyen d'un petit appareil à main.

Mais, de ces deux copies, une seule a été reproduite directement et présentée ainsi au public, c'est l'instantanée. Quant à l'autre ce n'est pas la copie originale, la copie directe de l'étoffe, que le public connaît, mais ce sont des copies pour ainsi dire secondaires, parce que ce sont, ou des copies de contre-type, ou des copies d'épreuves tirées du cliché direct. Ce sont donc des copies de seconde main, des copies de transmission et, parmi celles-là, il faut en retenir trois seulement, les trois qu'ont publiées les auteurs qui ont les premiers pris droit d'autorité en la matière. L'instantanée a été publiée seulement par son auteur direct, et les épreuves du cliché Pia ont été reproduites par trois auteurs qui ont employé trois procédés différents.

Voici donc la situation bien précisée. De l'étoffe de Turin nous possédons une instantanée directe et le cliché Pia.

Mais, nous ne possédons du cliché Pia que des copies et, parmi ces copies, il n'y en a que trois auxquelles nous puissions attacher de l'importance parce qu'elles sont les seules qui aient été publiées par des auteurs que j'appellerai autoritaires. De ces trois copies, l'une est en photogravure, une autre en phototypie, et la troisième en héliogravure. Ce sont ces trois que je retiendrai pour la discussion en y ajoutant, quand il le faudra, l'instantanée directe.

Chacun de ces procédés a son genre de manipulations et ses résultats spéciaux. La phototypie, qu'elle ait pour base la pierre lithographique ou la plaque bichromatée, est le plus exact de tous, parce que c'est celui qui se prête le moins aux remaniements, disons aux retouches, lesquelles y sont presque impossibles, mais c'est aussi le moins beau, le moins agréable à l'œil. Avec ce procédé l'artiste ne peut pas ajouter son propre travail à l'action mécanique; la fidélité de reproduction y est alors la meilleure, mais l'aspect, au point de vue esthétique, laisse souvent bien à désirer. Il en résulte presque toujours une sorte de grisaille dans laquelle les demi-teintes sont plus ou moins éteintes; on les obtient soit par la trame, soit par l'emploi de la glycérine.

La photogravure donne déjà mieux cet aspect, mais la retouche y est la plus utile et le travail manuel restitue à l'épreuve tout le fini que le travail mécanique ne lui a pas donné. Il lui est obligatoire.

Quant à l'héliogravure c'est le plus beau de tous, et c'est celui qui est toujours préféré pour les éditions de luxe. Mais ici, mieux que dans la photogravure, l'intervention du graveur est indispensable. Si on voulait exprimer cette intervention par des chiffres on devrait dire que le travail mécanique de la photographie y est pour un tiers à peine, tandis que le travail du graveur y est, au moins, pour deux tiers. Ceci est indiscutable et je défie quiconque de me prouver le contraire. Or, l'artiste est, bien souvent et malgré lui, je ne dirai pas invité ou sollicité, mais je dirai impulsé à parfaire l'œuvre suivant l'effet qu'elle doit produire. Ce sont de vrais et parfois même de grands artistes que les humbles retoucheurs de la taille-douce photographique, et l'on sait qu'un artiste est souvent porté à diriger son travail suivant le sentiment que lui inspire le sujet.

Ces conditions générales étant établies, si l'on veut bien, maintenant, comparer ensemble les trois procédés par lesquels un seul et même cliché, celui de M. Pia, a été copié, voici successivement tout ce qu'on trouve.

Au point de vue de la configuration, on reconnaît que dans tous les trois, les éléments principaux se retrouvent à la même place, en même nombre et avec la même forme. Il faut donc, avant tout, constater que, dans les trois images qui sont dues aux trois procédés dont je viens de parler, la configuration du tableau copié est identique, et se demander ensuite pourquoi, la configuration étant reproduite identiquement, les tonalités n'ont pas été reproduites de même.

Au point de vue des tonalités les images présentent, en effet, des dissemblances considérables et, non seulement elles présentent ces grandes dissemblances entre elles, mais encore certaines les présentent dans chacune de leurs deux moitiés. Et il faut ajouter enfin que chaque image présente des dissemblances qui semblent, qui paraissent être plus ou moins en harmonie avec un but qu'on s'explique difficilement : Je dis qui semblent, ou qui paraissent, parce que je ne voudrais pas émettre une affirmation trop positive à l'égard d'un fait que je constate, mais que je n'explique pas. Il se peut très bien d'ailleurs que mon jugement soit faux, et que mon examen ne soit pas exact. Je vois comme je l'indique, mais il peut se faire que je voie mal. Ma vue s'est un peu affaiblie et, depuis quelques années, je suis obligé de porter des lunettes. Si mes lunettes ne me montrent pas bien les choses, et qu'on puisse me les faire mieux voir, je suis tout prêt à regarder par d'autres yeux, et à faire mon *mea culpa ;* mais, jusqu'à ce que ceci se produise, je discuterai d'après ce que je vois, et je dirai que les dissemblances paraissent s'harmoniser d'une manière assez singulière et difficilement explicable.

Je ne parlerai bien entendu, à moins d'indication spéciale, que de l'image qui correspond au cliché direct de M. Pia, celle qui est venue en positif sur ce qu'il faut considérer comme le négatif du Suaire.

En regardant la planche en photogravure on a tout d'abord l'impression d'une image faciale nettement accusée, impressionnante même, qui se détache vigoureusement en grands clairs sur un fond sombre. L'image dorsale est loin d'être aussi apparente, il faut presque la chercher, l'œil est obligé de la limiter dans toutes ses parties, alors que ce même œil voit tout de suite l'image faciale, la plus importante, celle qui donne le mieux au lecteur une impression nette et rapide du portrait de Notre-Seigneur Jésus-Christ. En un mot, l'apparence de l'image faciale est bien plus belle et bien plus saisissante que celle de l'image dorsale; c'est la mieux visible, surtout par rapport à la tête. D'où cela vient-il?

Dans la planche en phototypie, cette apparence est égale dans les deux faces. Il en est à peu près de même dans l'héliogravure, et dans celle-ci, pour l'ensemble de la silhouette, seulement. Mais, par rapport à la phototypie et à l'héliogravure, l'ensemble des tonalités présente de telles différences qu'on se demande vraiment, je l'ai déjà dit, comment la copie d'épreuves identiques d'un même cliché a pu les faire obtenir.

L'image en photogravure, en outre des différences de tonalités, offre d'autres différences, de beaucoup plus singulières, qui n'ont pas du reste échappé aux critiques de quelque valeur. Tous ont fait remarquer, en premier lieu, des différences notoires quant aux proportions de la silhouette humaine; celle qui est en positif, est surtout celle qui a été considérée. En second lieu, on a signalé la situation anormale des éléments principaux, tels que la goutte de sang sur le front, le coup de lance, les mains croisées, etc.

On s'est demandé d'où pouvait provenir cette différence dans les situations et pourquoi le cliché Pia, indiquant certains organes à droite, la photogravure les indique à gauche, et *vice versâ*. — La raison en est aussi simple que possible, elle apparaît immédiatement à tout observateur tant soit peu familier avec la science photographique ; il y a eu, de la part d'un ouvrier distrait ou inhabile, je ne sais lequel des deux, une opération maladroite. Pour la photogravure il est bon d'employer soit une pellicule directe, soit un cliché ordinaire pelliculé, l'un ou l'autre étant toujours la pellicule obligatoire, mince et essentiellement translucide. En appliquant la pellicule, l'ouvrier s'est tout simplement trompé de côté, il l'a appliquée sens dessus dessous ! et personne ne s'en est aperçu, ni l'imprimeur, ni l'auteur. Cela est si vrai que j'ai sous les yeux, en écrivant ceci, une *quatrième* édition de l'œuvre qui renferme toujours « la planche à l'envers » et je peux affirmer que cette édition, quoique sans millésime, est toute récente. Elle porte, en effet, l'indication d'un article de la revue scientifique du 31 mai, et je me la suis procurée le 31 juillet. Elle a donc été imprimée entre ces deux dates de 1902.

Pour moi, le seul responsable de cette bévue, c'est l'ouvrier. On ne saurait peut-être imputer à l'auteur autre chose que de ne pas y avoir fait attention, de ne pas s'en être aperçu, car il faut bien supposer, que c'est parce qu'il en connaît tous les principes, qu'il discute les choses de la science photographique. Personne, du reste, n'est à l'abri d'un lapsus et ceci n'en est qu'un, très probablement. Quant à l'imprimeur, l'auteur ne lui signalant rien de particulier, il n'avait pas à s'occuper d'autre chose. Quelle a été la cause de cette inattention ?

Il n'est pas encore à ma connaissance que ceci ait été déjà signalé sous cette forme, mais on peut comprendre, qu'au milieu de cette énorme avalanche d'articles engendrés par la question, un fait de cette nature ait pu m'échapper. Je m'en tiens ordinairement à la lecture des auteurs principaux, de ceux qui, par leurs études spéciales, et par leurs travaux antérieurs, ont droit de discussion en la matière, de ceux qui, en un mot, font autorité dans la question. Je ne m'occupe pas de ces critiques par occasion,

qui n'entendent rien aux sciences, bases fondamentales de
la discussion, et qui, quelquefois même, poussent la naïveté jusqu'à le déclarer eux-mêmes, tout en se montrant,
par la suite de leur argumentation, aussi acerbes que possible, et allant enfin jusqu'à se servir de l'injure pour
défendre une mauvaise cause. C'est des premiers seulement
que j'entends parler quand je dis que j'ignore si le fait que je
signale ici a été déjà expliqué, ce qui du reste ne change-
rait rien à mes observations.

Mais, ainsi que le dit un vieil adage, « à quelque chose,
parfois, malheur est bon. » S'il est démontré, et il faut bien
croire que cela le sera, que M. Chopin est dans le vrai en
affirmant que le Suaire a été photographié à l'envers, ce
sera la photogravure qui, cette fois, sera la bonne image,
mais alors à la condition que l'auteur fera renverser, à son
tour, la planche où l'image du corps se trouve en négatif
et que l'on dit, pour cette raison, représenter le Suaire
lui-même. Actuellement les deux planches sont dans le
même sens, ce qui met tout de suite sur la voie du retournement maladroit de la pellicule. Si M. Chopin a raison, il
faut retourner l'image négative, s'il a tort c'est l'image positive qu'il faut remettre en bonne place. L'examen de l'étoffe
dira, mieux que personne, ce qu'il faudra faire.

Les trois copies principales dont je m'occupe présentent
encore une particularité très remarquable. C'est qu'elles ne
sont pas dans les mêmes rapports. Le rapport de la longueur à la largeur est loin d'être le même partout. En se
bornant à la face, qui est ici l'élément principal et le mieux
mesurable, on trouve que ce rapport est de 1, 2 exactement pour la photogravure, de 1, 111 pour l'héliogravure
et de 1, 21428571... fraction périodique mixte dont la
période est 142857 pour la phototypie. Ces chiffres m'ont
été donnés par un de mes collègues qui enseigne les mathé-
matiques à notre Faculté, et qui a bien voulu faire tous les
calculs nécessaires à cette comparaison. Cette différence
dans les rapports fait que les têtes ne paraissent pas dans
les mêmes proportions.

Ceci encore a été déjà signalé par plusieurs critiques des

plus sérieux. On s'est demandé d'où cela pouvait bien provenir, et pour quelles raisons la disproportion paraissait si grande entre la photogravure et l'héliogravure, qui étaient celles que l'on comparait ensemble.

Il peut y avoir à cela deux causes : 1° les épreuves qui ont servi de modèle ont pu être tirées, les unes en contre-types sur verre, et les autres sur papier, et même sur des papiers différents. Les premières n'ont pas bougé, et les secondes se sont étirées plus ou moins dans divers sens selon la qualité du papier employé. Tout le monde sait que l'allongement du papier est très rigoureusement inévitable quand on le mouille, et surtout quand on le colle tout humide sur du carton. Si ce carton est trop mince, selon l'expression technique, il se produit du gondolage ; s'il est très fort, l'image, en séchant, n'en reste que mieux déformée.

Tous les photographes, sans exception, savent combien il est funeste, pour une ressemblance exacte du sujet reproduit par un certain nombre d'épreuves, de fixer les épreuves pendant qu'elles sont encore humides, et même de couper le papier dans des sens différents. Ils savent aussi que la seule humidité de la colle suffit à produire un résultat fâcheux. Aussi s'évertue-t-on, depuis longtemps à chercher le moyen de coller les épreuves en papier sans qu'elles se déforment. Ce moyen semble trouvé depuis quelques jours à peine, et l'adhésif Derepas vient de réaliser, de ce chef, un très grand progrès en photographie, progrès qu'on ne tardera pas, c'est certain, d'apprécier à sa grande valeur. Avec ce procédé on fixe les épreuves sur le papier le plus mince sans les mouiller le moins du monde, et surtout sans les déformer, c'est très beau.

Si donc on a copié des épreuves déformées par le collage, on a eu des différences notables dans les déformations des gravures ; il ne faut pas s'en étonner.

2° La deuxième cause est à peu près identique, mais cette fois il s'agit de la pellicule. La pellicule a été obligatoire pour les gravures, elle ne l'a été pour la phototypie que si celle-ci a eu pour soutien la glace bichromatée. Or, les pellicules sont plus ou moins extensibles, elles s'étirent pendant leur passage dans les bains, et ne reviennent presque jamais au même point. Si on fait usage des pellicules dites inextensibles, on n'a presque pas de chances de déformations, mais si on pellicule un cliché, on ne peut y échapper que difficilement.

Les pellicules sont, sous ce rapport-là, d'une maniement assez difficile et exigent beaucoup de précautions. Or, étant donné le peu de précautions accusé par le retournement de la pellicule dans la photogravure, on serait en droit de se demander si on a su éviter une déformation exagérée. Il est très possible que non, et c'est ce qui nous expliquerait le mieux toutes les défectuosités, si bien remarquées, de cette photogravure. L'auteur ne paraît pas s'être occupé d'en bien surveiller tous les détails, elle est à refaire complètement, et si on ne la trouve pas exacte, il ne faut guère s'en étonner. Dans une question de cette nature, il faut savoir penser à tout, car aucune précaution n'est inutile.

L'extension possible des pellicules expliquerait bien les légères variations qu'on a déjà pu remarquer dans les images d'un même procédé mais celles-ci sont trop peu de chose si on a employé de bons matériaux, ce qu'il faut bien supposer, pour qu'on leur attribue l'importance de celles qu'on remarque entre les divers procédés, et je crois qu'il faut chercher ailleurs que dans les pellicules, la cause des variations que je viens de signaler. On y est conduit en remarquant que, pour un même procédé, les images négatives et positives sont, à très peu de différence près, à peu près identiques quant à leurs dimensions respectives. Il me semble alors mieux à propos d'attribuer les déformations aux modèles fournis par M. Pia.

Les uns ont parlé de contre-types sur verre, les autres d'épreuves sur papier, sans dire d'aucune manière comment étaient toutes ces choses. Etait-ce du papier albuminé au chlorure d'argent, du papier au gélatino-bromure, du papier au citrate? Les épreuves étaient-elles collées ou non. De tout cela nous ne savons absolument rien et ce serait cependant indispensable à connaître, car chacun de ces états a son caractère particulier et peut modifier beaucoup un cliché original.

Il est très bizarre de constater que dans toutes les explications du Suaire on ne dit presque rien de tout ce qui serait précisément indispensable à connaître. On s'étend longuement et avec une complaisance presque enfantine sur des sujets à peu près indifférents qui permettent de faire étalage d'une érudition d'emprunt, et on passe sous le plus grand silence les choses les plus essentielles, celles qui renseigneraient le mieux sur les opérations, et qui aideraient le mieux à l'interprétation des résultats. On est ainsi conduit à une série interminable et constante de questions qui obligent à discuter dans le doute, et auxquelles on ne peut donner aucune solution assez affirmative pour conclure avec fruit. C'est regrettable et cela fait souhaiter qu'un nouvel examen puisse être fait, le plus tôt possible, dans de meilleures conditions.

Il ne faut pas oublier que chaque papier a des qualités spéciales. Les uns conservent assez bien toutes les tonalités, les autres les conservent très mal. Avec ces derniers on est obligé d'empâter les noirs, de les brûler, selon l'expression technique, pour conserver les demi-teintes les plus importantes. Si on laisse aux noirs leurs valeurs respectives, ce sont les demi-teintes qui disparaissent plus ou moins complètement. Toutes ces choses produisent des résultats différents et pourraient bien expliquer les variations remarquées dans les images, en même temps que démontrer les mauvaises conditions dans lesquelles on a opéré, soit par légèreté, soit parce qu'on n'a pas su en prévoir les conséquences.

Dans le cas présent à quoi devons-nous attribuer les déformations que nous constatons ? A l'épreuve qui a servi de modèle ? C'est très probable ! aux pellicules employées ? C'est possible ! à l'une de ces causes seulement ou bien à toutes les deux à la fois ? C'est encore possible ! mais, n'étant pas mieux renseignés que nous le sommes, nous ne pouvons pas conclure et nous sommes forcés de nous contenter de constater le fait : il y a des images qui sont déformées, ceci est positif.

Je viens d'indiquer les anomalies d'aspect que présentent les planches en photogravure, je vais dire un mot de celles qui constituent les singularités de l'héliogravure. Je le ferai rapidement parce que j'aurai occasion de revenir longuement sur la plupart d'entre elles dans la seconde partie.

Dans l'héliogravure le ton général des images semble plus correct, il y a un peu plus d'uniformité. Les dissemblances de tonalités entre l'image et le fond, aussi bien qu'entre la face et le reste de la silhouette sont bien moins accusées, mais, par contre, on est frappé des énormes différences de tonalité qui existent d'une part, entre les nombreuses taches qui émaillent le corps et le corps lui-même, et d'autre part, entre ces mêmes taches réparties sur la face postérieure et sur la face antérieure. Ces taches, dont il faudra, plus tard, rechercher la nature et la signification sont, sur d'autres reproductions du cliché Pia, nombreuses sur les deux faces et réparties un peu partout avec une intensité à peu près égale. D'où vient que l'héliogravure les montre si mal distribuées, et si différentes d'intensité ?

L'image dorsale les accuse nettes, vigoureuses et bien apparentes dans les régions principales ; elles y sont des mieux accusées et leur importance apparaît tout de suite à tous les yeux. Sur l'image faciale, elles sont tellement atténuées qu'elles disparaissent presque en certains points. On dirait qu'il n'y en a presque pas sur cette face. Une seule y est restée bien apparente, très nettement visible, c'est celle du front qui apparaît là avec une vigueur toute particulière, différente presque de celle qui marque la blessure de la lance et celle du poignet. Il n'est pas jusqu'à la portion terminale de cette tache qui ne soit relativement mieux accusée sur l'image totale, celle que j'examine, que sur l'image de détail qui ne représente que la tête.

Cette contradiction indiscutable entre les tonalités des deux faces a été expliquée par ce fait que la face dorsale a été obtenue en agrandissant un cliché à projections. Ceci fait absolument rêver ! Eh quoi, quand on a un document original qu'on doit reproduire exactement, et qui possède les deux images à copier, on s'amuse à copier l'une sur cé document et on va copier l'autre sur un cliché à projections ! Mais quel est donc le pourquoi de cette singulière opération ? Est-ce simplement de l'inconscience ? On pousse encore la naïveté jusqu'à dire que ce cliché était très dur et que toutes les blessures y étaient bien apparentes. Parbleu, je le crois bien qu'il était très dur, le cliché à projections et que les blessures y étaient très apparentes !

Un mot d'explication. Il est excessivement rare qu'on se serve, pour la projection, de l'émulsion au gélatino-bromure, les noirs y sont trop compacts, les demi-teintes sont obscurcies, et il en résulte un ton général qu'on caractérise par cette expression de « boueux ». Ce ton n'est pas accepté par ceux qui veulent des noirs translucides et qui ne se préoccupent pas de cette singulière antithèse qui consiste à faire d'un mur, d'une maison, d'un terrain, d'un personnage, autant d'objets transparents. Ceux-là sont l'immense majorité. On exige d'un cliché à projections de la transparence et surtout de l'opposition. Pour cela on prépare des plaques avec des émulsions dont les formules varient et dont quelques-unes sont le propre de chaque fabricant. Ces formules ont généralement pour base soit des chlorures, soit des citrates, des lactates, etc., toutes choses qui donnent des noirs brillants mais qui perdent énormément des demi-teintes. L'épreuve donne alors de vives oppositions qui sont recherchées pour la lanterne, mais qui détruisent complètement l'harmonie du cliché.

D'autre part, il est très rare que le cliché à projections ne soit pas une diminution. La vogue des petits appareils fait bien construire des chambres à la dimension des projections (8,5 × 10), mais ce n'est pas le cas de la majorité, et, ici surtout, ce n'est pas le nôtre. Or, il arrive toujours que quand la diminution est par trop grande, beaucoup de détails se confondent et se perdent. C'est notre cas dans lequel un contre-type de 60 centimètres a été ramené à 10 centimètres. Ici encore silence complet sur ce qui serait utile à la discussion. Le cliché à projections portait-il les deux faces ou une seule? Est-ce 60 cent. ou 30 qui ont été réduits à 10? Par rapport au rendu des détails, ces renseignements ont une certaine importance.

On utilise parfois les différentes propriétés que je viens de signaler, et quand on a un cliché trop doux, trop uniforme, l'opérateur en fait un cliché à projections sur lequel les oppositions se montrent un peu plus vigoureuses. Il prend ensuite ce cliché, pour l'agrandir à son tour, et le ramener aux dimensions de l'original. Il obtient ainsi un nouveau cliché où les oppositions sont meilleures, où les détails ne sont plus confondus, mais qui ne ressemble pas le moins du monde au premier, qui n'est plus le document primitif. Ce petit truc de métier réussit très bien entre les mains d'un opérateur tant soit peu habile à distribuer les temps de pose et à conduire le développement.

Mais ce qui est possible à l'égard d'une chose indifférente, ou d'un amusement, ne l'est rigoureusement plus à l'égard d'un document d'où dépend la solution d'un bien grave problème. Quand on veut cette solution, on ne présente pas, pour la provoquer, une preuve qui n'en est plus une, puisqu'elle n'est pas la vérité. En diminuant le cliché Pia, pour en faire une projection, on a singulièrement modifié les détails de l'image, et, en l'agrandissant à nouveau, on a produit une image qui ne ressemble pas du tout à celle que porte l'étoffe de Turin. Les taches n'y ont plus la même valeur par rapport à tout le reste. Ceci est d'une importance extrêmement grande pour la discussion, car il faut savoir comment et avec quelle intensité relative, par rapport à tout le reste, ces taches sont imprimées sur l'étoffe, et, sous ce rapport, la manière dont on nous les montre est, disons-le sans crainte, et dans le sens que j'ai indiqué au début, une fausse manière. Il nous est fort inutile d'avoir des images où les blessures « soient très apparentes », mais il nous est indispensable d'avoir des images où les blessures soient comme elles sont sur l'étoffe, avec leur même valeur. Nous ne voulons pas discuter d'après des images jolies, nous voulons discuter d'après *un document.*

Et puis enfin, n'est-il pas juste de se demander le pourquoi du choix particulier de la seule image dorsale.

Quant à expliquer les dissemblances de tonalité qui existent entre l'image faciale et les autres procédés, on ne l'a pas cherché. Je sais bien qu'il a été dit que le rendu de ces images par l'héliogravure est un peu plus difficile, qu'on a voulu éviter les retouches, et que les planches ne sont pas réussies avec une égale perfection dans toutes leurs parties, mais à cela je fais observer que, si on a pu éviter les retouches, ce qu'on n'a pas pu éviter, c'est le travail du graveur allemand. Il a fallu qu'elle burine la plaque, la main de ce graveur, c'était forcé.

Ne m'occupant en ce moment que de l'aspect général de l'image, dans son ensemble, je ne dirai pas autre chose de cet aspect que ce qui peut se rapporter à l'image en phototypie.

En face de cette image on se sent presque instinctivement, et du premier coup d'œil, en face de la vérité. On devine que l'auteur n'avait aucune préoccupation. Sa thèse à lui n'exigeait pas qu'une partie fût plus apparente qu'une autre. C'était l'image, telle qu'elle était, qu'il fallait produire, et il l'a produite telle qu'elle était. Pour lui, à quoi bon une retouche, à quoi bon un procédé qui eût plus ou moins modifié l'image? Il y avait une image du corps et cela lui suffisait. Aussi a-t-il choisi le procédé le plus simple sans se préoccuper de ce qu'il ne serait peut-être pas le plus joli. Qu'on me permette une locution bien vulgaire, mais aussi bien expressive : en bon vieillard qu'il est il y est allé « à la bonne franquette » et l'image qu'il nous a fournie nous donne le mieux l'apparence probable de la réalité.

On remarque sur toute l'étendue de l'image une uniformité parfaite dans les tonalités. Le fond, aussi bien que la silhouette, y ont partout la même valeur relative et cette valeur s'harmonise bien dans les deux planches correspondantes. Mais, ce qu'il y a encore de plus remarquable, et ce qui doit le plus attirer l'attention, c'est l'uniformité que présentent, sur les deux faces de la silhouette, les taches qui sont réparties un peu partout. Elles sont imprimées partout avec la même valeur, comme elles doivent l'être probablement sur l'étoffe de Turin si toutes elles y sont dues à la même cause. C'est ce qu'on pourrait précisément déduire de cette image. En tous cas, la phototypie démontre très exactement la situation et la répartition des dites taches sur la dite étoffe. Les autres images sont loin de les montrer les mêmes, et il n'est personne qui ne soit forcé, par l'examen comparatif, de répondre par un « non » absolu à cette question : oui, ou non, les trois images sont-elles identiques ?

Je vais à ce sujet poser une autre question bien plus simple. Trois procédés ont copié le cliché Pia. De ces trois procédés l'un accuse des taches nombreuses, réparties un peu partout sur les deux faces, et imprimées avec une valeur de tonalité égale partout. Si ce procédé a rendu ainsi les taches, c'est qu'il les a trouvées ainsi sur le cliché Pia. Si le cliché Pia les porte ainsi, c'est qu'à son tour, il les a trouvées ainsi sur l'étoffe. Et si elles sont ainsi sur le cliché Pia, « pourquoi les autres procédés ne les y ont-ils pas trouvées de la même manière, pourquoi ne les montrent-ils pas comme elles sont sur l'étoffe, pourquoi les montrent-ils à faux ? »

La question est trop compliquée pour moi, je préfère laisser au lecteur le soin d'y répondre lui-même. Je le prie seulement, afin de pouvoir préciser son opinion, de comparer attentivement les images faciales de la phototypie et celles de l'héliogravure. Il s'expliquera à sa guise les taches de la poitrine et du cou, par exemple, si bien conformes à toutes les autres dans la phototypie, et si disparates dans l'héliogravure où on a la plus grande peine à les deviner, même en examinant à la loupe. Il y a là des différences de procédés bien manifestes et qui confirment mon dire en faveur de l'exactitude qu'il faut attribuer à la phototypie.

Cette exactitude, nous en avons absolument, et rigoureusement, besoin, il nous la faut aussi grande que possible. Hors d'elle toutes les discussions peuvent être déviées, même involontairement et de bonne foi, et il est indispensable qu'elles ne le soient pas. Pour arriver à ce but voici, à mon humble avis, le meilleur moyen qu'on pourrait employer.

Lorsque j'ai envoyé à l'éditeur M. Charles Mendel les planches qu'il devait faire placer hors texte dans mon livre *la Photographie des objets immergés* je lui remis des épreuves, sur papier au gélatino-bromure, tirées directement sur mes négatifs originaux. Ces épreuves en 18×24 étaient trop grandes pour le format in-8° du livre. M. Mendel en a tiré des négatifs aux dimensions convenables et c'est de ces négatifs qu'il a fait tirer, directement, sur papier au gélatino-bromure, les épreuves dont il a fait les planches hors texte. De cette manière le lecteur a sous les yeux des images absolument conformes à celles de mes négatifs originaux, les dimensions seules les différencient, et aucun procédé mécanique n'est intervenu.

Qu'on en fasse autant pour les clichés de M. Pia ! Que M. Pia fournisse à un éditeur une épreuve directe de son cliché tirée, bien correctement, sur papier au gélatino-bromure, ou encore sur papier au platine (ce sont les deux papiers qui, jusqu'à présent, conservent le mieux les valeurs). Que cet éditeur réduise cette épreuve à un format convenable, et que, sur ce nouveau négatif, qui sera ainsi le plus conforme à l'original, il tire des épreuves sur papier au gélatino-bromure. Qu'il les colle par le procédé Derepas. Il pourra alors offrir au public à un prix très modique, accessible à toutes les bourses, des images qui seront l'expression exacte du cliché Pia, et d'après lesquelles tout le monde pourra discuter en attendant le nouveau cliché de l'avenir, celui qui devra remplacer le cliché Pia.

En conséquence, la discussion des images nous conduit à deux déductions principales : 1° Photographier à nouveau l'étoffe de Turin pour avoir un cliché exact ; 2° Fournir de ce cliché des épreuves exactes, sans l'intervention d'aucun procédé mécanique.

Abordons maintenant la discussion des preuves invoquées pour confirmer, non pas le phénomène lui-même, mais plutôt les hypothèses imaginées pour l'expliquer.

II

LES PREUVES

Les preuves invoquées à l'appui des hypothèses peuvent être divisées en deux groupes : 1° les preuves relatives aux explications du phénomène ; 2° les preuves relatives à l'identification du personnage.

1° *Preuves relatives au phénomène.*

Parmi les preuves qui ont été fournies pour venir à l'appui des hypothèses par lesquelles on a voulu expliquer comment les images se sont produites sur l'étoffe de Turin, je ne retiendrai que les principales, celles qui ont servi, pour ainsi dire, de pivot à la théorie et dont on fait le plus grand cas. Ce sont, successivement, les vapeurs de zinc, les expériences de M. Vandevelde, la main de plâtre gantée et l'action à distance. Quant à l'action de l'ammoniaque sur l'aloès, je la renvoie à la troisième partie. Elle n'est pas ce qu'on peut appeler une preuve directe, puisque c'est pour expliquer cette action qu'on s'adresse à toutes les autres, et puisque, en somme, elle est, du moins le dit-on ainsi, le phénomène lui-même.

Toutefois, à côté de ces preuves directes, il y a des considérations, plutôt extrinsèques, dont il faut pourtant dire un mot. Telles sont les affirmations émises à l'égard de certaines conceptions, qu'on pourrait dire préparatoires aux conclusions.

Il est parlé, par exemple, de l'impossibilité d'une peinture en négatif. Quoique déjà souvent revenue sous ma plume, et sous celle de bien d'autres, cette question y revient encore par d'autres considérations. J'ai prouvé, beaucoup d'autres avant moi l'ont prouvé, et beaucoup d'autres après moi le prouveront à leur tour, que cette expression *impossibilité* est de trop. J'ai écrit ailleurs comment un peintre pouvait réaliser matériellement un négatif qu'il n'avait ensuite qu'à copier servilement. Qu'il me suffise de le rappeler en priant le lecteur de se reporter, en outre, à tout ce que j'ai dit dans la première partie de cette discussion.

Je ferai la même réflexion à propos de la prétendue impossibilité d'une transformation chimique. Il semble que l'affirmation d'une pareille opinion pourrait laisser entendre que les faits ne peuvent pas la démentir. Je crois nécessaire de protester contre cette manière d'interpréter tout ce qui est parfaitement possible. Personne ne peut nier les transformations chimiques, qui sont si générales, et qui affectent, surtout d'après les nouvelles théories physico-chimiques, toutes les choses de la nature. A l'égard des couleurs, de quelque manière qu'elles soient obtenues, la transformation chimique est indiscutable, et il faudrait aller jusqu'à nier l'évidence pour la déclarer impossible, dans n'importe quel cas.

Rien n'échappe aux transformations chimiques. Les roches les plus dures, comme les sables les plus fins ; les organismes les plus compliqués, aussi bien que les organismes les plus élémentaires, tout se transforme chimiquement. Les cailloux siliceux se patinent à leur surface et, seul dans toute la nature, le diamant semble défier le temps. Quant aux couleurs, pas une n'échappe à cette transformation ; oxydation, sulfuration, peu importe ; elles sont toujours atteintes, *même celles que produit l'ammoniaque en agissant sur l'aloès.* Dans tous ces cas, il n'y a de différence que dans la durée du temps ou l'intensité de l'énergie. Dans ces conditions, qui pourrait être fondé à parler de l'impossibilité d'une transformation chimique ?

L'affirmation, non moins autoritaire, que le Suaire a gardé l'empreinte d'un corps, vient se heurter à la sempiternelle question : Qu'en sait-on ? Est-ce l'empreinte d'un corps, est-ce une peinture ? Qui peut le dire avec autorité ? La discussion, appuyée uniquement sur une photographie mal faite, permet des suppositions, mais n'autorise

pas une affirmation aussi hasardée. C'est quand on aura
vu de près, et scruté, consciencieusement, l'étoffe elle-
même, qu'on pourra dire ce qu'il y a dessus, et pas avant.

Il est de toute évidence que si les images fixées sur cette
étoffe ne sont pas les traces d'un corps véritable, il n'y a
pas lieu de s'en occuper. Mais, le doute qui nous enveloppe, nous oblige à discuter les suppositions qu'elles ont
suggérées, ce que nous ferons dans la troisième partie.
J'ai dit, en effet, que je me proposais, dans cette seconde
partie de mon travail, de discuter seulement les preuves
qu'on a invoquées pour expliquer les susdites suppositions
et essayer de les justifier. C'est pourquoi je passe directement à l'examen de ces preuves.

*
* *

Vapeurs de zinc. — Qu'aurait-on le droit de dire de
celui qui tiendrait le raisonnement suivant : l'hydrogène
est un gaz qui monte vers les régions supérieures de
l'atmosphère et qui s'enflamme au contact d'une allumette
qui brûle. *Or*, l'acide carbonique est aussi un gaz, *mais*, il
descend vers les régions inférieures de l'atmosphère et il
éteint l'allumette qui brûle. *Donc*, pour expliquer les qualités de l'hydrogène, je n'ai qu'à invoquer celles de l'acide
carbonique.

Qu'aurait-on encore le droit de dire de celui qui raison-
nerait ainsi : L'éther est un liquide qui émet des vapeurs
très légères et inflammables comme lui-même; ces vapeurs
s'élèvent en l'air et il est imprudent de tenir une allumette
enflammée au-dessus du flacon. *Or*, le sulfure de carbone
est un liquide qui émet des vapeurs très lourdes et inflammables comme lui-même, *mais*, ces vapeurs descendent
dans l'air, et il est imprudent de tenir une allumette
enflammée au-dessous du flacon. *Donc*, pour expliquer les
vapeurs de l'éther, je vais faire appel aux vapeurs du sulfure de carbone.

Ici, comme en bien d'autres points, je laisse au lecteur
le soin de trouver lui-même la réponse.

Dans ma première notice, j'ai dit, en substance,

que les vapeurs de zinc n'avaient rien à faire dans l'explication de l'étoffe de Turin, et qu'il n'y avait pas lieu de s'en occuper davantage. Je crois utile de le démontrer.

Le zinc jouit de cette propriété, encore inexpliquée, d'impressionner la plaque photographique préparée aux sels d'argent, tout comme l'impressionne la lumière. Quelle est la nature de cette propriété? Personne n'en sait encore rien de bien positif. S'étendrait-elle, comme celle de la lumière, à la gélatine bichromatée ou au bitume de Judée? On ne le sait pas non plus; ce serait peut-être à chercher. Pour le moment, tout ce que l'on sait, c'est que le zinc, par des émanations spéciales de nature inconnue, et qu'on a simplement appelées des *vapeurs*, actionne la plaque au gélatino-bromure d'argent. Ceci n'est pas discutable; l'action s'exerce réellement, et je l'ai déjà indiquée dans ma première notice, où j'ai rappelé, entre autres choses, les rainures en zinc des anciennes boîtes à glaces. Mais, ce qui est extrêmement discutable, c'est la comparaison qu'on en veut faire avec les vapeurs ammoniacales. Qu'a-t-on fait pour établir cette comparaison?

Il a été dit, en premier lieu, que c'est avec la plaque photographique qu'on contrôlerait la loi physique des actions à distance, après quoi, on se rapprocherait des conditions chimiques de la formation des images sur le suaire. Pour contrôler utilement une loi, il faut, d'abord, que cette loi puisse être déjà démontrée comme ayant présidé à la réalisation du phénomène. Or, avec les vapeurs ammoniacales l'application de cette loi est beaucoup plus qu'extrêmement problématique; alors, que vient faire le contrôle de la loi? Mais, admettons qu'il puisse avoir une influence quelconque, et discutons comment il a été exercé.

Il faut remarquer, avant tout, que les expériences sur les vapeurs de zinc ont donné lieu à une déclaration de grande importance. Il est dit que ce ne sont pas les expériences de laboratoire qui ont conduit à expliquer la loi physique des images du Saint Suaire, mais que c'est, tout au contraire, l'idée, qu'on s'est faite de ces images, qui a conduit à diriger les expériences dans le sens de cette idée. Cet aveu est à retenir, nous aurons à le rappeler plus tard. Je me contente de constater ici qu'il confirme bien ce que j'ai déjà dit, à ce sujet : qu'une idée préconçue conduit souvent l'esprit à en voir la réalisation dans tout résultat. J'ajoute enfin qu'on l'a fort accentué en disant que la loi des distances, « *qui a présidé* à la réalisation des images que porte le Saint Suaire, *s'applique incontestablement* aux vapeurs qu'émet le zinc ». Il n'y a pas de doute possible, c'est bien le Saint Suaire qui explique l'action du zinc. N'insistons pas.

Cette parenthèse fermée, je reviens à la démonstration de l'action du zinc.

On a pris, successivement, une médaille à faibles reliefs et le moulage en plâtre d'une tête de Christ ; on les a recouverts de poudre de zinc et on les a exposés, pendant un certain temps, contre une plaque photographique en renversant respectivement les situations. On a ensuite développé ces plaques et on a obtenu des traces qui, inversées par les méthodes ordinaires, ont fourni les images des modèles, vaguement esquissées.

Je ferai remarquer, tout de suite, qu'on s'est adressé à des objets possédant des reliefs variés, et que celui qui a présenté les plus faibles est celui qui a donné les images les mieux accusées. Si on examine bien, en effet, le moulage de la tête, il semble qu'on n'en aperçoive que le masque, et on en déduit qu'il est très probable que ce n'est pas la tête, mais bien la face seulement, qui aura été moulée. L'absence de tous renseignements à cet égard, ne peut autoriser que des suppositions. Il y aurait eu intérêt cependant à voir comment les parties profondes de la tête se seraient imprimées, et on aurait pu opposer les résultats d'un objet très aplati à ceux d'un objet à grands reliefs. Mais, tels qu'ils sont, les résultats de ces deux objets permettent d'en déduire que l'action du zinc ne s'exerce qu'à une très faible distance.

C'est, du reste, ce qui est déclaré, quand on dit « qu'on ne peut reproduire que des objets dont les principaux reliefs se ramènent à peu près à un plan » et c'est ce qu'on peut constater en examinant attentivement la tête de plâtre. Elle *touchait* la plaque, nous dit-on, par trois points principaux qui devaient être, à en juger par l'image, la pointe de la barbe, la pointe du nez, et quelque chose qui était, probablement, une couronne d'épines, mais que l'image reproduit trop mal pour qu'on puisse l'affirmer. A côté de ces trois points, en contact direct, les plus rapprochés de la plaque sont le coin de l'arcade sourcilière, la pommette, et un peu de la moustache. Tous ces points sont bien marqués, je dirai même vigoureusement; ils donnent assez bien, par leur ensemble, l'aspect d'une silhouette vague, mais tout le reste est perdu. Rien dans le coin de l'œil, rien à la racine du nez, rien au sommet du front, rien à la bouche, et surtout rien vers le côté effacé de la figure, celui qui, probablement, ne devait pas bien *voir* la plaque. Cependant les distances ne sont pas bien grandes en tous ces points, et, pour des vapeurs qui contournent les obstacles, le petit côté de la face ne devait guère présenter d'empêchements.

Quant à la médaille, l'absence de tous détails sur l'image, alors qu'ils paraissent si bien accentués sur le modèle, semble écarter l'idée d'une action s'exerçant énergiquement, même à de très faibles distances, et faire admettre surtout celle d'une action générale de vapeurs qui se sont diffusées, très précisément, sans tenir compte des actions à distance, ou mieux, de la loi des distances. Si les vapeurs de zinc avaient tenu un compte rigoureux de cette loi, les détails, si bien fouillés de la médaille, auraient été reproduits. Or, ils ne l'ont pas été, malgré la précaution qu'on a prise, pour quelques-uns, de les recouvrir plus spécialement de poudre de zinc.

Je sais bien enfin qu'il a été dit : « qu'on renonçait à représenter ces détails, très fins d'une part, et, d'autre part, écartés de la plaque sensible d'une distance qui excédait leurs propres dimensions. » Cette déclaration me semble inacceptable, car, dans ces sortes d'expériences, je crois fermement qu'il est extrêmement difficile de dire, à l'avance, ce qu'on obtiendra et ce qu'on n'obtiendra pas. L'expérience une fois terminée, on peut dire si les détails sont venus ou non, mais on ne peut pas les guider, ni dire, par avance, s'ils viendront ou s'il ne viendront pas. Il est enfin difficile de comprendre qu'on puisse renoncer à des détails en les mettant, précisément, dans les meilleures conditions d'agir. En un mot, leur action n'est pas de celles qu'on puisse diriger dans une pareille expérience, et, s'ils ne sont pas venus, c'est tout simplement parce qu'ils n'ont pas pu s'imprimer.

On prétend que les vapeurs ammoniacales ont si énergiquement obéi à la loi des distances qu'elles ont imprimé jusqu'à des ecchymoses, des saillies de muscles, etc., et les vapeurs de zinc, qu'on appelle en témoignage, n'ont pas pu imprimer les reliefs cependant assez accentués d'une médaille. Et c'est dans ces conditions qu'on veut comparer ces vapeurs et les expliquer les unes par les autres!! Mais, l'évidence est là, qui amène une singulière contradiction, et qui fait demander ce que viennent faire les vapeurs du zinc dans l'explication de l'étoffe de Turin.

Les vapeurs du zinc n'agissent qu'à une très faible distance, et de manière même à ne pas donner, dans ces conditions, le modelé d'un objet à saillies bien accentuées. Si elles observaient exactement la loi des distances, elles le produiraient, ce modelé, au lieu de donner le seul ensemble presque indéfinissable qu'elles donnent. Si elles ne le donnent pas, c'est qu'elles n'obéissent véritablement pas à la loi des distances, et si on prétend que les images du Suaire sont dues à l'observation rigoureuse de cette loi, on est bien mal fondé à les expliquer par les images du zinc. Notons encore qu'on n'a garni de poudre de zinc que la partie modelée de la médaille, ce qui était une raison de plus pour que le modelé en fût beaucoup mieux reproduit.

Et puis enfin, quel rapport existe-t-il entre la plaque au gélatino-bromure d'argent et le drap imbibé de mixture aloétique, et quel rapport y a-t-il encore entre les émanations du zinc et les vapeurs ammoniacales?

Mais il est une autre manière d'envisager l'action du zinc, c'est l'intensité suivant laquelle elle se produit.

Je ferai observer que, dans les expériences que je viens de relater, on semble avoir pris grand soin, car on le fait bien remarquer, de faire toucher la plaque photographique par le zinc. La tête de plâtre touchait la gélatine par trois points, ce qui lui permettait de reposer sur la plaque; la médaille touchait la plaque au front et à l'épaule gauche du sujet qu'elle représentait. Personne n'ignore que tout contact, quel qu'il soit, même celui d'un simple morceau de carton, est plus ou moins préjudiciable à la gélatine bromurée d'argent, selon la nature du corps au contact, et suivant le temps pendant lequel le contact se prolonge. L'action est toujours la même, accentuée au niveau du contact direct, et s'irradiant, en s'atténuant, suivant les directions periphériques, si bien qu'il en résulte une tache centrale estompée sur les bords, quelque chose comme une tache vaporisée.

C'est ce qui s'est produit pour la tête et pour la médaille. Les points en contact direct y sont fortement imprimés et fortement estompés tout autour. Ils ne contribuent pas peu à l'effet de l'ensemble, mais ils ne constituent pas ainsi une indication des plus précises. J'ai tenu à éviter cet inconvénient et voici comment j'ai opéré.

J'ai pris un médaillon à très faibles reliefs et un autre à reliefs vigoureux, proportionnés à ceux d'une tête humaine. Le premier représentait, à la façon d'une médaille ordinaire, une tête de Christ de profil, appuyée sur une gloire; le second représentait une tête de Christ, vue de face, avec abondante chevelure, et en beaux reliefs. J'ai renversé le premier au-dessus d'une plaque au gélatino-bromure, mais en le soutenant par des cales, de manière à ce que son point le plus saillant soit écarté de trois millimètres par rapport à la gélatine. J'ai placé la plaque sensible au dessus du second, en usant encore de cales qui l'écartaient également de trois millimètres du point de la tête le plus en saillie. J'ai laissé, pour les deux, l'action se produire pendant soixante heures, et j'ai obtenu des résultats irréguliers, dans lesquels il aurait fallu une assez grande puissance d'imagination pour reconnaître les modèles.

J'en ai attribué la cause à la grande faiblesse d'impression, à la suite de laquelle quelques points rapprochés se sont imprimés irrégulièrement, alors que tout le reste s'imprimait, ou très mal, ou pas du tout. Le caractère dominant de mes résultats est une très grande faiblesse d'impression, même pour les points rapprochés. Le cliché est, selon l'expression technique, d'une extrême faiblesse.

J'ai voulu rechercher lequel des deux, de la distance ou de l'énergie du zinc par rapport au gélatino-bromure, en était la cause. Pour cela, sur une feuille de verre 9×12 j'ai déposé une certaine quantité de poudre de zinc, que j'ai disposée suivant deux larges bandes perpendiculaires en forme de croix, chaque bande ayant une épaisseur de poudre de près de trois millimètres. J'ai renversé au-dessus une plaque sensible, en l'établissant à deux millimètres de distance, et j'ai laissé agir pendant trois jours. J'ai développé longtemps et je n'ai arrêté que lorsque j'ai vu apparaître un peu de voile dichroïque. J'ai constaté alors une impression très faible et bien analogue par cette faiblesse, avec mes résultats précédents.

D'autre part, sur la gélatine même d'une plaque sensible, j'ai disposé une pareille croix, faite de deux bandes de poudre de zinc, et après le même temps d'attente, j'ai débarrassé la plaque au moyen d'un pinceau d'abord, puis par un lavage énergique et rapide. Le développement a produit une image assez vigoureuse et surtout largement estompée tout autour, par suite de la diffusion de l'action du zinc dans la gélatine. De cet ensemble j'ai conclu que, hors les cas de contact direct, ce contact qui a été ingénument appelé « une distance minima », le zinc ne possède, à l'égard du gélatino-bromure d'argent, qu'une énergie des plus faibles.

Je me demande alors comment il se fait que certaines des images publiées soient si énergiques hors des points de contact, et je me dis que c'est parce que les clichés ont été renforcés. J'ai déjà posé la question, il n'a été répondu que pour un seul cliché, encore a-t-on ajouté que le renforçage ne l'avait pas modifié. Je répète donc : « Les clichés ont-ils été renforcés, oui ou non ? » Il m'apparaît qu'ils l'ont été. Or, s'ils ne l'avaient pas été, on pourrait les accepter comme document, peut-être inutile ; dans le cas contraire, ils ne prouvent pas exactement l'action du zinc, puisqu'en modifiant le cliché, ils la font, contrairement à l'opinion émise, plus démonstrative qu'elle ne l'est. Il n'y aurait pas alors à s'en préoccuper, car, en définitive, c'est de documents que nous avons besoin, avant tout, et tout résultat modifié cesse d'être un document.

Mais, quoi qu'il en soit, je tiens à terminer ce qui concerne les vapeurs de zinc par cette observation déjà répétée : « *En quoi le zinc, agissant sur le gélatino-bromure, peut-il bien expliquer l'ammoniaque agissant sur l'aloès?* »

*
* *

Expériences de M. Vandevelde. — Les expériences que M. Vandevelde a faites en employant successivement l'acide chlorhydrique, l'ammoniaque, l'iode, l'hydrogène sulfuré, etc... ont été présentées au public et servies à tous les critiques, sous cette simple désignation « Expériences de M. Vandevelde ». C'est pourquoi, c'est sous ce titre que je les désigne moi-même, en ayant bien soin, toutefois, de faire remarquer que, dans la discussion, je tiens essentiellement à écarter toute question de pure personnalité. Il est difficile, en effet, d'adopter le titre « Impressions vaporographiques », ce titre étant trop général par rapport à ces impressions très spéciales, et très spécialement conduites, dont nous avons à nous occuper. S'il fallait conclure comme il a été conclu, je me servirais, au contraire, de ce dernier titre, car il a été dit « que la théorie des impressions vaporographiques est vraie pour les cas cités, mais, de plus, qu'elle jouit du privilège de la généralisation. Mais comme ceci est complètement erroné, et comme nous allons arriver à la démonstration des phénomènes contraires, je m'en tiens à la désignation adoptée.

Je pose tout de suite en principe que les expériences

dont il s'agit ici, ne sont que des commencements d'expérience et que si on les avait interprétées jusqu'au bout, comme il fallait le faire, elles auraient dit très précisément tout le contraire de ce qu'on leur fait dire. Il n'est pas d'usage, en science expérimentale, de juger d'une expérience simplement d'après les débuts, alors même que ces débuts semblent favorables à une idée préconçue. Mais, il est, au contraire, obligatoire de laisser l'expérience s'accomplir entièrement, pour pouvoir juger, autoritairement, d'après des résultats complets. Les expériences en discussion sont dans le premier cas.

J'ai refait les dites expériences, et je vais dire successivement comment j'ai opéré et ce que j'ai obtenu.

Je n'ai retenu que les deux corps principaux, les plus antagonistes et les plus démonstratifs, l'ammoniaque et l'acide chlorhydrique. J'ai jugé inutile d'employer l'iode et l'hydrogène sulfuré, les considérant comme des suppléments qui, par leurs propriétés, ne pouvaient que confirmer encore mieux l'action de la diffusion des vapeurs, action déjà si bien indiquée par l'ammoniaque et l'acide chlorhydrique. Il est, comme on le dit, de notoriété publique, que lorsque l'hydrogène sulfuré est produit dans le coin d'un laboratoire, toute la maison est saturée de son odeur caractéristique. Il est non moins connu que l'iode, placé dans une vitrine remplie de flacons munis d'étiquettes sur papier, attaque toutes les étiquettes voisines, bien qu'il soit lui-même soigneusement renfermé. On est parfois obligé de le tenir dans un double flacon pour éviter l'action des parcelles qui, par la facile évaporation du produit, affectent bien souvent le bouchon, ou grimpent au sommet du goulot.

J'ai remplacé les cristallisoirs par des boîtes en carton, dont j'ai évidé le couvercle en n'en conservant qu'un centimètre sur chaque bord, de manière à avoir un point d'appui pour le papier témoin et pour le verre de couverture. J'ai pris, de préférence, des boîtes vides pour plaques photographiques de diverses dimensions, choisies suivant les cas. J'ai adopté cette disposition parce qu'elle permet, quand on a besoin d'enlever le couvercle, pour manipuler ce qui est dans la boîte, de tout enlever ensemble, et de tout remettre, exactement, à la même place, en remboîtant simplement le couvercle. Ceci offre de grandes difficultés avec les cristallisoirs, et l'on a souvent besoin d'examiner la face du papier témoin tournée vers l'intérieur, c'est-à-dire vers le corps en expérience.

J'ai pris, tout comme on l'a indiqué, les petites nacelles en porcelaine utilisées dans les analyses, et, tout comme il a été fait, je les ai soutenues au moyen de lames de verre (*slides*) utilisées en micrographie. Enfin j'ai observé fidèlement les distances notées pour chacun des corps employés. Tout étant ainsi disposé, j'ai engagé l'expérience.

Dans une première boîte, j'ai disposé deux nacelles en forme de V et j'ai versé dans chacune de l'ammoniaque. Je me suis dit que, pour opposer un corps contraire à l'acide chlorhydrique, l'ammoniaque était beaucoup mieux indiqué que son carbonate, et qu'au point de vue de la vaporisation le résultat n'était guère modifié. J'ai placé au-dessus un papier de tournesol rouge. Dans une deuxième boîte, j'ai donné aux nacelles la même disposition, mais je les ai garnies d'acide chlorhydrique, et j'ai placé au-dessus un papier bleu.

Dans les deux boîtes, les vapeurs ont presque instantanément commencé d'agir, mais, à partir de ce moment, *elles ont progressé sans discontinuité* jusqu'à complète cessation de leur production. Le papier rouge a bleui au-dessus de l'ammoniaque, le papier bleu a rougi au-dessus de l'acide. Au bout d'un certain temps, les images, formées ainsi, représentaient très exactement, en dimensions et en dispositions, les surfaces liquides qui étaient dans l'intérieur des boîtes. C'est probablement le moment où, par rapport à la démonstration, l'expérience a été caractérisée et jugée; on n'a pas eu, pour le faire, la patience d'attendre quelques instants de plus. C'est vraiment regrettable, car, si on n'avait pas été si pressé de confirmer l'idée préconçue, on aurait eu à constater une contradiction, parce que l'action des vapeurs ne s'en tenait pas là, et qu'elle *progressait* très tranquillement et très régulièrement, *comme dès le début.*

Elle progresse si bien que les images ne tardent pas à grandir et à prendre, en se déformant, de grandes proportions qui sont bien loin, maintenant, de représenter les nacelles. Puis les branches du V se rejoignent, et puis enfin le tout s'étend sur la surface du papier, *tant que dure l'émission des vapeurs.* Pour constater toutes ces choses, on n'a pas à attendre pendant des années, ou des mois, ou même des jours; il suffit d'observer pendant quelques heures.

Mais ce qu'il y a de plus suprenant, c'est qu'on s'est très bien rendu compte du phénomène, puisqu'il a été dit : « Quand la limite à laquelle les traits cessent d'être distincts est dépassée, le papier réactif se colore uniformément en bleu. » Une pareille observation ne saurait vraiment conduire à une déduction qui doit être, avant tout, scientifique. Où est-elle la limite dont il est parlé, et depuis quand une limite se place-t-elle au milieu d'un phénomène, car le phénomène est commun à toutes les limites et les traits *ne demeurent* distincts à aucune distance. A moins que celle-ci ne soit réduite à O et que le papier ne bouche la nacelle ; mais alors les vapeurs sont confinées dans la nacelle et n'impressionnent que la surface du papier qui l'obture, ce qui ne constitue plus une expérience.

Quelle que soit donc la limite, les traits ne sont bien distincts que pendant un moment seulement du phénomène, moment qui correspond à celui où la transformation du papier fournit une image identique au modèle. Avant ce moment, l'image n'est pas encore exacte, et après elle ne l'est plus. Or, ce moment n'est qu'une phase *passagère* du phénomène. Sur quoi peut-on s'appuyer alors, pour appliquer ce seul moment à la démonstration, par le phénomène dans son entier, d'une théorie ainsi mal fondée?

Lorsque l'aiguille circule sur le cadran de l'horloge, une seconde avant qu'elle soit sur midi, il n'est pas encore midi; une seconde après, il n'est déjà plus midi, et l'aiguille tourne toujours tant que la force impulsive la fait mouvoir; elle ne marque midi que pendant une phase de sa course, *en passant.* Il en est de même des impressions vaporographiques. A quelque limite qu'elles se produisent, elles ne marquent l'image, en passant, que pendant une phase de leur action. Avant cette phase, elles ne la marquent pas encore ; après cette phase, elle ne la marquent plus, et cependant cette action ne s'éteint pas, elle se continue et s'exerce *progressivement,* tant que dure sa force impulsive, c'est-à-dire tant que dure l'émission des vapeurs. De quel droit, alors, l'arrêter dans sa course et conclure d'après un de ses moments seulement ? Une action de cette nature s'exerce *par son entier* et non pas *par une de ses parties.*

Selon les indications données, j'avais une première fois employé du papier sec ; une seconde fois, j'ai recommencé avec du papier mouillé, et, cette fois, j'ai constaté que le phénomène a été beaucoup plus net et beaucoup plus vigoureux, mais, en même temps, un peu plus lent. Je donne la préférence à l'emploi du papier mouillé pour la netteté, et à l'emploi du papier sec pour la diffusion plus rapide.

J'ai aussi renouvelé l'expérience des deux coupes en présence dans le même récipient, et le résultat auquel, du reste, il fallait bien s'attendre a été des plus curieux.

L'acide et la base étaient entre eux à une petite distance, et le papier correspondant était au-dessus de chacun d'eux. Au début, chaque corps a formé son image respective, mais je me suis bien gardé de les séparer à ce moment-là, parce que j'ai vu qu'ils *continuaient.* Est-ce énergie ? est-ce activité de diffusion ? Je l'ignore. Toujours est-il qu'au bout d'un certain temps, l'ammoniaque l'avait emporté, et tous les papiers étaient devenus bleus ; les images rouges de l'acide sur le papier bleu, faibles au début, avaient disparu.

J'ai continué à observer. Au bout d'un temps, un peu plus long, le rouge a reparu sur l'acide ; la teinte bleue s'affaiblissait un peu partout, si bien que le bleu disparut à son tour et que tous les papiers devinrent rouges. L'ammoniaque s'était complètement évaporé, et, sous l'influence de l'acide, s'était transformé en chlorhydrate neutre qui, pulvérulent, s'était déposé au fond de la boîte. Quant à l'acide, il était resté en excédent, triomphant le dernier. Toutes ces expériences ont duré en général de quatre à dix heures.

En face de ces résultats, je me garderai bien de conclure, comme on l'a fait, que les impressions vaporographiques donnent l'image d'un corps et expliquent, en conséquence, l'image peinte sur l'étoffe de Turin. Pour l'expliquer ainsi il faudrait admettre que les vapeurs se sont arrêtées juste au moment précis où elles avaient formé l'image, ce qui n'est guère admissible, on en conviendra ; ou bien que le corps a été dégagé du drap qui l'enveloppait juste au bon moment, ce qui conduirait à reconnaître une très heureuse coïncidence, trop heureuse même pour qu'elle soit facilement acceptée. Quant à admettre qu'elles se seraient arrêtées après avoir fourni l'image, cela obligerait à supposer que le corps en a émis juste la quantité nécessaire pour former l'image. Pareille conception serait encore plus singulière et demanderait des preuves sérieuses.

Et puis, enfin, que peuvent bien démontrer des expériences que tant de circonstances très variables, et tant de conditions encore plus variables, peuvent tant modifier? Ainsi qu'on l'a très bien dit, leur résultat est lié à l'intensité, à la quantité du liquide, à la distance, à la capacité du récipient, etc. ; toutes choses qui ne peuvent que trop facilement en transformer les conséquences et leur ôter toute leur valeur démonstrative.

Il est bien plus simple d'affirmer que les expériences, dont il vient d'être question, prouvent deux choses parfaitement contraires aux hypothèses émises pour expliquer l'étoffe de Turin : 1° la diffusion des vapeurs qui se répandent bien au-delà de leur surface d'origine, et qui actionnent uniformément toutes les surfaces sur lesquelles elles peuvent agir; 2° leur action progressive et continue tant que dure leur émission. Ces deux points sont indiscutablement prouvés par l'expérience; ils sont contraires à l'hypothèse et, au lieu de la justifier, ils la contredisent, à moins qu'on ne suppose arbitrairement les dernières conditions que je viens d'indiquer. Dans ce cas, on sortirait complètement du domaine de la science positive pour entrer dans celui de la fantaisie.

*
* *

La main de plâtre gantée. — La main de plâtre, imbibée de liquide ammoniacal et recouverte par un gant de peau de Suède, a été servie à tout propos et même présentée à l'Académie des sciences. N'eût-il pas mieux valu mettre sous les yeux du lecteur une vulgaire photographie des résultats fournis par l'expérience? De cette manière, tout le monde aurait apprécié ce que quelques-uns seulement ont pu regarder en passant, et peut-être même en consultant des paperasses, ainsi que cela se fait, bien souvent, entre deux communications ou pendant une lecture. Il est difficile, dans de pareilles conditions, de se rendre compte d'une expérience et d'en rechercher soit le pourquoi, soit le comment. A défaut des images qui ne nous sont pas fournies, examinons attentivement ce qui nous est dit.

« On prend une main en plâtre et on la recouvre d'un gant de peau de Suède. Après quoi on mouille la main en faisant glisser la solution ammoniacale le long du poignet ; cette solution pénètre dans le plâtre sans toutefois *imprégner complètement* la peau du gant. Le dégagement des vapeurs se fait très régulièrement, au travers des pores de la peau de Suède, *sans que l'eau tache le linge,* ni que *l'huile pénètre* dans le gant humide. »

Je ne peux pas aller plus loin sans affirmer que, si les choses se sont ainsi passées. c'est que l'expérience *unique* aura été des plus heureuses. Tant mieux pour la démonstration qui a été servie par une pareille chance. Mais, je me demande comment l'eau n'a pas taché le linge si elle a imprégné le gant, et il faut bien qu'elle l'ait imprégné, en partie au moins, puisqu'on dit qu'elle ne l'a pas imprégné *complètement.* Je me demande encore pour quelle cause l'huile *n'a pas pénétré* dans le gant humide et je me dis que c'est, probablement, parce que le linge n'était, sur aucun point, en contact avec le gant ; car, si ce contact avait existé sur quelque point, il est rigoureusement impossible que, sur ce point, le gant n'eût pas été taché. Voici, en effet, ce que j'ai observé.

J'ai pris une main de plâtre et je l'ai gantée de peau de Suède. J'ai essayé de faire glisser une solution ammoniacale le long du poignet. J'ai procédé aussi lentement que possible, afin de donner au plâtre le temps d'absorber peu à peu la solution ; mais, de quelque manière que j'ai pu faire, je n'ai pas empêché le plâtre de se saturer aux origines avant que les terminaisons se soient imprégnées. Le liquide en excès a toujours mouillé le gant. En outre, en versant le liquide le long du poignet, il en coule infailliblement contre le gant qui est aussitôt traversé. On ne peut guère l'éviter et, si on l'a pu, c'est qu'on a été très heureux.

J'ai pris alors une main moulée à creux et, dans la cavité, j'ai versé la solution ammoniacale. Le résultat a été le même. Le liquide a filtré à travers le plâtre impuissant à le retenir ; il a suinté à la surface, et il a mouillé le gant irrégulièrement, comme dans le premier cas, parce que le suintement du plâtre est lui-même assez irrégulier. Dans ces conditions le plâtre suinte toujours ; il ne garde pas le liquide complètement emprisonné dans sa masse, et le gant s'en trouve assez humecté pour que ce liquide, filtrant à travers la peau, vienne actionner, en la tachant singulièrement aux points de contact, la toile aloétique.

Je m'empresse de déclarer, sans aucuns détours, que je n'ai probablement pas été d'une habileté suffisante en renouvelant, plusieurs fois, cette expérience, et en obtenant, plusieurs fois, les mêmes résultats ; je demande, à la suite, qu'on m'indique très exactement, et avec tous les détails nécessaires, la manière de s'y prendre. Je recommencerai. C'est à cause de ma maladresse possible que je ne déduis encore rien de tout ceci.

C'est peut-être encore à cette cause qu'il faut attribuer mes insuccès à l'égard de la mixture aloétique. Je n'ai jamais pu empêcher la mixture de salir le gant, partout où il y avait contact, lorsque je faisais reposer l'un sur l'autre.

Quand j'appliquais la toile sur la main gantée, partout où la toile reposait par son propre poids, l'huile et l'aloès imprégnaient la peau et produisaient les résultats les plus singuliers. Je voudrais bien qu'on indiquât le moyen d'éviter ces choses-là et la manière dont il faut s'y prendre pour que l'huile, qui est en contact avec le gant, ne le pénètre pas.

Essayant d'un autre procédé, j'ai rempli un gant, de sable fin imbibé de solution ammoniacale ; j'ai encore moins bien réussi ; puis je l'ai rempli de sable sec, mélangé avec du carbonate d'ammoniaque pulvérisé au moment de l'expérience, sans obtenir de meilleur résultat. Par aucun de ces moyens je n'ai jamais pu réaliser un négatif de la main comparable, même par à peu près, à la description de celui qu'on dit avoir été obtenu une fois.

En face de tous ces insuccès, qui peut-être sont de ma faute, je n'en disconviens pas, je m'abstiens de toute déduction positive et j'engage le lecteur, que ceci pourrait intéresser, à recommencer l'expérience de la main de plâtre qui fournit son image négative à travers la peau de Suède.

Mais ce n'est pas tout, et l'image de cette main a besoin d'être un peu plus discutée.

Il a été dit que les extrémités des doigts se reproduisent, « *exactement*, avec l'aspect carré *que leur a donné le gant* un peu trop long ». Il faudrait bien s'entendre sur ce point. Est-ce la main de plâtre enfermée dans le gant, ou bien est-ce le gant lui-même qui a fait l'empreinte ? Si c'est l'extrémité du gant qui s'est imprimée, ce n'est donc pas la main qui est dedans. Si c'est la main qui s'est imprimée à travers le gant, pourquoi les bouts carrés sont-ils intervenus ? Il me semblerait utile d'expliquer cela. Pour moi, je crois que c'est le gant qui y est pour beaucoup, et je le crois pour les deux raisons suivantes : 1° J'ai enfermé dans une moufle, dont le pouce seul était détaché, une main de plâtre, préalablement imbibée de liquide ammoniacal, et la main n'a fourni aucune image d'elle-même. Pour éviter un contact préjudiciel, j'avais pris la précaution d'interposer cette fois, entre la moufle et la toile aloétique, une toile métallique à mailles assez larges pour ne pas gêner les vapeurs. 2° On prétend que sur le dos de la main, on distingue très nettement les dépressions légères, ménagées entre les métacarpiens. J'avais déjà demandé, à ce sujet, si le gant portait, ou non, des filets, mais il m'a été répondu tout à côté. J'ai appris depuis, en me renseignant à Grenoble auprès des grands fabricants de gants, que pas un seul gant de peau n'est livré au commerce sans filets. Comme j'en voulais sans filets, pour quelques-unes de mes expériences, j'ai dû les faire confectionner tout exprès.

Or, je suis très persuadé que cette prétendue trace des espaces intermétacarpiens, n'est pas autre chose que celle des filets imprimés par suite des piqûres obligatoires qui les marquent. Les fils, qui passent par les piqûres, les auraient empêchées de s'imprimer nettement, comme on a prétendu qu'elles s'étaient imprimées sur le bord des doigts. Ici je ne suis pas affirmatif, selon mon habitude à l'égard des choses que je ne peux pas démontrer *positivement*, mais, je le suppose très fortement, et je crois que beaucoup de mes lecteurs seront de mon avis. J'admets encore que si on réussissait convenablement l'expérience, on pourrait, par le moyen d'un gant à filets, fournir des espaces intermétacarpiens à une main qui n'en aurait pas, et, par le moyen d'un gant sans filets, en enlever à celle qui en aurait.

Je ne peux donc rien déduire de nettement affirmatif à l'égard de résultats aussi peu concluants, et je me contente des questions que j'ai posées.

*
* *

L'action à distance. — Il a été affirmé, très catégoriquement, que ce qu'on a appelé « les Images du Saint Suaire » *sont des empreintes;* qu'elles n'ont pas été réalisées par les *seules actions de contact*, et qu'elles se sont réalisées spontanément. Il a été ajouté, qu'elles ont été soumises aux *exigences impérieuses de la loi des distances*, et qu'enfin, elles sont réellement *l'expression d'un phénomène naturel*.

Je dirai à mon tour : autant d'affirmations, autant de

suppositions hasardées, autant de conséquences d'une imagination qui paraît féconde en conceptions, mais qui demeure bien stérile en démonstrations. Les démonstrations sont, en effet, de nulle valeur ; la plupart se contredisent ; elles sont par trop latérales pour conduire directement au but, et aucune preuve ne vient les appuyer. Il n'en est pas une à l'égard de laquelle une preuve directe et positive soit fournie. C'est le raisonnement seul qui conduit à chacune, et ce raisonnement n'est, en somme, qu'une hypothèse. C'est pourquoi, nous ne devons pas leur accorder autre chose qu'une valeur hypothétique.

C'est à ce titre que je dirai, en premier lieu, que les actions par contact ont été expliquées au moyen de phénomènes latéraux qui n'ont rien de commun avec le phénomène direct, et, en second lieu, que la loi des distances est absolument inapplicable aux vapeurs qu'elle aurait été amenée à diriger.

Un mot seulement sur le premier point. Quand une toile imbibée de mixture aloétique est en contact avec une source ammoniacale, de deux choses l'une : ou bien cette source est sèche, ou bien elle est mouillée. Si elle est sèche il se produit sur la toile une tache plus ou moins étendue, suivant l'importance du contact, et variable, en intensité, suivant la nature de la source. Si celle-ci est très absorbante, comme le plâtre par exemple, la mixture y adhère et s'y fixe, en laissant sur la toile une tache claire. C'est du degré de la source, dans la faculté d'absorption, que dépend alors l'aspect de la tache. Le cas d'une source sèche est excessivement rare et, à mon avis, ne se rencontrerait que très difficilement.

Mais, si la source est plus ou moins mouillée, et c'est le cas probable de toute source à la surface de laquelle il se produit une fermentation, les choses changent singulièrement. La mixture, sous l'action du liquide, se colore, d'une façon toute particulière, en un rouge vif, translucide, qui se différencie énormément du simple brunissement produit par les vapeurs. Sur une toile imbibée de mixture aloétique, entre l'action, par contact, d'un liquide ammoniacal et l'action, à distance, d'une vapeur ammoniacale, il y a une grande différence. C'est en examinant la toile, par transparence, qu'on la constate bien. Nous en verrons la raison dans la troisième partie, alors qu'il y sera traité de l'action de l'ammoniaque, à ses divers états, sur une toile imbibée d'huile et d'aloès.

Quel a été le degré d'humidité du corps qu'on suppose avoir été enveloppé dans l'étoffe de Turin? Voilà encore un état à préciser autrement que par l'imagination, parce que, suivant ce degré, la toile aurait pu être impressionnée de façons très différentes.

En tous cas, que viennent faire, par rapport à tout ce que je viens d'indiquer, les figures barbouillées d'ocre et autres démonstrations de valeurs aussi latérales, et comment pourraient-elles tout expliquer? Les deux résultats du contact sont trop différents pour qu'il y ait lieu de se préoccuper plus longtemps de ces actions accessoires. Il vaut mieux n'y plus songer.

Examinons le second point, l'action à distance. L'action à distance, invoquée à l'occasion du dégagement d'une vapeur quelconque, est très radicalement inacceptable; elle infirmerait, tout simplement, tout ce qu'on sait, tout ce qu'on dit, et surtout tout ce qu'on prouve de la diffusion des vapeurs. Jamais personne n'accepterait une pareille infirmation. Les vapeurs, quelles qu'elles soient, se diffusent en toutes directions et se *répandent dans l'espace*. C'est là un fait indéniable et accepté par tous les hommes de science. La loi de la diffusion des vapeurs est une loi tellement affirmée, qu'aucune conception imaginaire ne pourra jamais la détruire. Les vapeurs se diffusent plus ou moins vite; elles sont plus ou moins actives; elles s'éloignent plus ou moins de leur origine, selon qu'elles sont plus ou moins denses, les légères en montant, les lourdes en descendant; à mesure qu'elles s'éloignent plus ou moins, elles perdent plus ou moins de leur activité, parce qu'elles se raréfient, mais elles font toutes ces choses suivant toutes les directions.

Leur raréfaction est liée aux distances et leur énergie en est modifiée, mais cette dernière s'exerce dans tous les sens, voilà l'essentiel. Dire ces choses-là, c'est énoncer, une de ces vérités qu'on appelle, en langage vulgaire, de « M. de la Palisse ». Il est de toute évidence que les vapeurs se raréfient d'autant plus que la distance de leur source devient plus grande, et ce mot de raréfaction, qu'on peut faire presque synonyme de diffusion, dit tout. Or, la diffusion s'exerce dans tous les sens, et il ne viendra jamais à l'idée de personne de dire que les vapeurs, à moins d'être conduites par des capacités *ad hoc*, se dégagent suivant une direction déterminée, et non pas en tous sens. Quant à dire qu'elles se conduisent suivant des projections *uniquement orthogonales* pour aller former, sur un écran, l'image EXACTE du corps dont elles proviennent, si ce corps présente du modelé, il n'y faut pas songer. C'est un peu trop problématique.

Enfin, elles se diffusent d'autant mieux dans tous les sens qu'un obstacle quelconque leur est opposé. C'est le cas dont nous avons ici à nous préoccuper. Pour le démontrer, il n'est besoin que de l'expérience suivante.

Dans un cristallisoir, j'ai placé une petite cuvette à bords élevés, au fond de laquelle j'ai versé un peu d'ammoniaque. Sur le fond du cristallisoir, j'ai déposé, loin de la cuvette, un papier de tournesol rouge. J'ai recouvert le cristallisoir par une toile imbibée de mixture aloétique au dessus de laquelle j'ai étalé un papier de tournesol rouge ; mais, pour empêcher le contact direct de la toile huileuse avec le papier, je les ai, comme dans l'expérience de la main gantée, séparés par une toile métallique à mailles suffisamment larges. Les vapeurs ammoniacales se sont aussitôt dégagées, et le papier, placé dans le cristallisoir, a bleui très rapidement. Ce n'est qu'au bout d'un certain temps que les vapeurs ont pu traverser la toile et influencer le papier placé au-dessus. Ce temps a varié, suivant les épaisseurs des diverses toiles que j'ai successivement employées, mais il n'a jamais été inférieur à un petit quart d'heure.

Voilà, ce me semble, une expérience des plus probantes à l'égard de la diffusion et des plus affirmatives à l'égard de ce que j'ai dit des vapeurs qui ont dû se répandre dans les espaces que le linceul déterminait à côté de ses points de contact avec le corps. Un linge imbibé d'huile est, pour les vapeurs ammoniacales, *un obstacle qui les oblige à se répandre dans les espaces, au dessous du linge, avant de le traverser.*

D'autre part, désirant me rendre compte de la force de pénétration des vapeurs ammoniacales et de leurs facilités de diffusion, j'ai fait une expérience qui m'a été inspirée par le souvenir de celles que j'avais faites, il y a vingt-cinq ans, avec Merget, à l'occasion des vapeurs de mercure.

J'ai pris des rondelles de bois de deux centimètres et demi d'épaisseur et de six à huit centimètres de diamètre. J'ai choisi, parmi les diverses essences, les plus poreuses et les plus compactes, le peuplier, le chêne et le hêtre. Au dessous de chacune, j'ai placé une petite cuvette, de diamètre plus petit que la rondelle, et dans laquelle j'ai déposé de l'ammoniaque. J'ai luté le tout avec un lut de farine de lin délayée à l'eau froide. Par cette organisation, les vapeurs ne pouvaient se dégager absolument qu'à travers le bois. Au dessus de la rondelle, j'ai appliqué un papier rouge, de diamètre également plus petit, et je l'ai enfin recouvert d'une lame de verre, afin de soustraire le papier à toute influence extérieure.

Au bout d'un temps variable selon les essences, vingt minutes pour le peuplier, trois quarts d'heure pour le chêne et près d'une heure pour le hêtre, le papier a commencé de bleuir en face du canal central du bois; puis le bleuissement a été rapide et il est vite devenu complet. Mais le bois n'a pas imprimé la trace de ses canaux, comme il le fait avec le mercure; les vapeurs alcalines, plus diffusibles, se répandaient autour des canaux et envahissaient tout, uniformément. Un détail à noter, c'est qu'une fois le bois traversé, la diffusion a été telle qu'il suffisait d'approcher du bois un papier rouge, pour que, même à quelques centimètres de distance, il bleuisse rapidement, et cela durait aussi longtemps qu'il y avait de l'ammoniaque dans la cuvette.

Et ce sont des vapeurs, qui font preuve d'une telle énergie de diffusion et d'une telle activité, qu'on imagine avoir obéi à la loi des distances, alors que ces distances se mesurent par les saillies d'un muscle, d'une ecchymose, du creux de l'angle de l'œil et autres !!

Je pourrais en rester là, car la chose me paraît démontrée; mais j'ai besoin de marquer la singularité de certaines observations, et surtout celle de certaines contradictions.

*
* *

Il a été dit, d'une part, qu'un dessin ou *œuvre peinte* est une projection et, d'autre part, que la tête du Suaire est l'*équivalent* d'un dessin. C'est déclarer, en somme, que la tête du Suaire est une projection. Si la constatation est vraie, ce doit être, précisément, parce que l'image n'est pas due à l'action des vapeurs ammoniacales, puisque celles-ci ne font pas de projections, j'entends de projections limitées à l'image et, surtout, en reproduisant le modelé. Ce serait donc, par là-même, déclarer que l'image pourrait bien, plutôt, être *une œuvre peinte*.

On a renforcé cette idée en ajoutant, un peu plus loin, que l'image était « le fait d'une action à distance », et que, « géométriquement, elle est une projection ». Il découle de ce que je viens de dire que cette hypothèse est absolument gratuite et contradictoire avec d'autres affirmations. L'expérience démontre, brutalement, que les vapeurs ammoniacales sont incapables de fournir, à distance, une projection géométrique. Contre les faits, les paroles se taisent.

On doit en déduire que, si la projection a été géométrique, c'est parce qu'elle n'a pas été le fait de ces vapeurs. Il aurait fallu, pour que l'image fût la conséquence des vapeurs agissant à distance, que la distance eût été extrêmement faible et que le drap eût presque épousé tout le corps, de manière à recevoir les vapeurs à peu près par contact, ce qui est peu admissible par rapport à ce qu'aurait fourni le développement subséquent de l'étoffe. Mais quant à dire que le drap aurait reçu, par *projection orthogonale*, des vapeurs *diffusées à travers des espaces interposés*, c'est totalement inadmissible. Toutes les expériences le contredisent. Les vapeurs ammoniacales ne se projettent pas directement à travers les espaces, elles les remplissent, voilà le fait. Tout le reste n'est qu'hypothèse.

Relativement à la manière dont certains organes sont représentés, il est bon de noter ce qui se rapporte aux cheveux. Il paraît que, sur le front, les cheveux ont fait leur image au même titre que la peau, et on en donne comme preuve l'arcade sourcilière, qui ne se distingue du front que par son relief. Mais, jusque sur les épaules, c'est-à-dire suivant toute leur longueur, les cheveux sont, ainsi qu'on l'a imprimé, « parfaitement rendus » ; on les distingue admirablement, quoique l'héliogravure les ait, dit-on, un peu amollis. Pourquoi l'héliogravure ne les a-t-elle pas rendus tels qu'ils sont ?

Singulier effet de l'action ammoniacale dont il faudra, bien probablement, reparler en traitant de cette action à travers les cheveux. Ne serait-ce pas plutôt parce que les peintres se contentent, le plus souvent, de représenter simplement les sourcils par une ombre, alors qu'ils représentent les cheveux avec toute leur valeur, et qu'ils n'en garnissent pas le front, là où il n'y en a pas ? Cette question est un simple doute, mais ce doute n'est-il pas fondé ?

Par rapport à l'application directe de la loi des distances, on a fait remarquer que l'action chimique décroissait très rapidement, à mesure que la distance augmentait, et que toute action cessait, aussitôt que l'écart atteignait environ un centimètre. On en a donné, comme exemple, le creux de l'œil qui était suffisamment prononcé pour ne donner presque aucune image. Il est vrai qu'on a ajouté, ensuite, « qu'entre les bras et le corps, il existait un creux profond », et qu'on a dit, un peu plus loin, que « sous les bras, près des poignets, le bord du bassin se devine *dans la profondeur* ».

Mais, il faut s'empresser de reconnaître que ceci a été expliqué par l'apposition probable de paquets de linge. On en a mis partout de ces paquets de linges hypothétiques. Ils ont été distribués dans tous les coins, et leur présence a été invoquée chaque fois que l'explication du phénomène était un peu difficile.

Je termine ce paragraphe en répétant tout simplement et très catégoriquement, que la loi des distances n'est pas applicable à la diffusion des vapeurs ammoniacales, dans les conditions où ces vapeurs sont invoquées pour expliquer l'étoffe de Turin. Je demande qu'on donne des preuves matérielles du contraire, tout comme je viens de fournir des preuves de la diffusion.

*
* *

2° *Preuves relatives à l'identité.*

Les preuves relatives à ce qu'on a appelé « l'identification du personnage » sont de deux ordres. Les uns s'appliquent à l'étude et à l'interprétation des stigmates marqués sur le corps, les autres concernent les diverses phases de l'ensevelissement, celles-ci expliquées par la traduction des textes.

Je ne retiendrai que les premières. Elles se rattachent au côté dit scientifique de la question, et c'est ce côté seulement dont je me préoccupe ici. Quant aux autres, je déclare nettement que je ne m'en charge pas, je les remets aux historiens et aux exégètes à qui elles appartiennent tout naturellement. Je n'ai ni l'autorité, ni les connaissances nécessaires pour les discuter, et je tiens à ne signer que ce que j'écris moi-même. Ce que j'ai dit, du reste, dans ma précédente note, me paraît suffire, et je ne pourrais que me borner à le répéter. Je le crois fort inutile dans ma manière nouvelle de traiter le sujet.

Je n'examinerai les premières qu'au point de vue général et, si je suis amené à les détailler, du moins ne retiendrai-je que les plus importantes.

*
* *

Stigmates marqués sur le corps. — L'étoffe de Turin, telle que nous la montrent les images photographiques qu'on en a obtenues, est couverte d'une quantité de taches parmi lesquelles on a cru pouvoir distinguer un peu de tout. Il y a des taches de brûlure, des taches d'eau, des taches diverses restées inexpliquées, et des taches de sang. Comment a-t-on pu s'y prendre pour distinguer ces dernières au milieu de toutes les autres? Je n'en sais encore pas grand'chose, car elles n'ont été indiquées que par leur situation et par la manière, supposée, dont elles se sont répandues sur le corps.

En regardant attentivement les diverses photographies, on constate tout d'abord, entre les taches, les différences très grandes que j'ai déjà signalées. Si nous choisissons ensuite celle qui, ainsi que je l'ai démontré, semble la plus exacte par le procédé employé, nous voyons facilement l'uniformité qui semble régner entre toutes les taches. On se demande quelles sont celles qui doivent être attribuées au sang, et quelles sont celles qui peuvent avoir une toute autre origine. Je ne parle, en ce moment, que des taches imprimées sur les deux silhouettes, antérieure et postérieure, et dès maintenant, j'écarte de la discussion, toutes celles qui sont sur les autres parties de la toile. Le lecteur voudra bien se rappeler qu'il n'est question, ici, que des marques de l'identité du personnage.

Il est possible que les taches, si bien apparentes, si vigoureuses sur l'héliogravure, figurent des taches de sang, mais les autres, celles dont ce procédé a si bien atténué l'action photogénique, que sont-elles? Car, si les unes et les autres étaient toutes des taches de sang, il faut avouer, en examinant la phototypie, qu'elles ont été singulièrement abondantes; le corps, sur les deux faces, en est littéralement criblé, et surtout, sur la poitrine, sur le cou, sur la face antérieure des cuisses, sur les genoux, en un mot, partout où l'héliogravure n'en accuse presque pas, et même, en certains points où elle n'en accuse pas du tout. Je sais bien qu'il y a le cliché à projections, mais pour la face antérieure il n'a pas été question de ce cliché. Alors, ne faut-il considérer comme taches attribuées au sang que celles qui sont restées bien apparentes sur l'héliogravure?

Je redemanderai, dans ce cas, ce que sont les autres assez apparentes sur la phototypie pour ne produire, entre toutes, que la plus grande confusion. Je renonce à expliquer tout ceci et je souhaite au lecteur de s'y mieux reconnaître que moi. Peut-être se dira-t-il qu'elles sont toutes des taches de sang ; mais alors, il se demandera pourquoi il en manque tant sur l'héliogravure.

Je vais toutefois citer, à l'appui de ce qui précède, un exemple des plus importants. On a signalé, sur une épaule, un frottis strié auquel on a donné la signification d'une ecchymose produite par le port de la croix. Je laisserai de côté l'adresse remarquable dont les vapeurs ammoniacales auraient fait preuve en imprimant ces stries. Je me bornerai, pour le moment, à faire remarquer que l'héliogravure accuse très vigoureusement ce frottis, alors que l'autre épaule, n'indique que très vaguement quelques taches irrégulières. C'est tout l'inverse dans la phototypie, où le frottis est d'un ton assez faible, alors que les taches opposées sont nombreuses et vigoureuses. Peut-être encore ici le cliché à projections a-t-il fait son œuvre! Quant à la photogravure, ces choses y sont à peu près comme dans la phototypie, avec à peine un peu moins de différences dans l'intensité.

Il est un point de vue général, sous lequel il faut encore envisager l'ensemble des taches, avant d'en aborder les détails. C'est celui qui consiste à savoir, ou plutôt à rechercher, car il est bien difficile de savoir lorsqu'on est obligé de conjecturer d'après une simple photographie, à rechercher dis-je, comment les taches se sont imprimées. Je répète à leur égard, la question que j'ai déjà posée à propos des actions par contact : Etaient-elles liquides de manière à mouiller le drap, où étaient-elles sèches de manière à ne pas le mouiller?

Si elles étaient liquides, elles auraient actionné le drap directement, et si leur liquide était alcalin, il aurait produit directement une tache nette et bien cernée, comme le font toutes les gouttes de liquide alcalin qu'on fait tomber sur une étoffe imbibée de mixture aloétique. On a bien dit encore qu'elles étaient cernées, mais, la phototypie ne le prouve guère. Si elles étaient sèches, elles auraient eu une difficulté considérable à s'imprimer, parce que le sang desséché, ainsi que je l'ai démontré, n'émet des vapeurs ammoniacales que lorsqu'il commence à entrer en putréfaction, ce qui n'a lieu qu'après un temps singulièrement long.

Or, nous ne savons pas si elles étaient sèches ou liquides, car tantôt il est dit : « En effet, nous pouvons affirmer que le linge n'a pas été, ici, en contact avec du sang liquide, capable de le mouiller » et tantôt « la tache brune très foncée correspond, elle aussi, au moins pour partie, à un liquide qui a pu mouiller le drap ». Il est vrai que pour appuyer cette contradiction, on fait intervenir d'une part le sang pur, de l'autre une sérosité et, par endroits, les deux ensemble. Mais on ne doit pas oublier que, d'après les indications fournies par les médecins légistes, lorsque du sang s'échappe accidentellement, *post mortem*, d'une large blessure, c'est un sang fluide qui se coagule mal et dont le sérum, plus abondant, *fait croire* à la sérosité. Ce n'est plus du sang tel qu'une blessure sur le vivant le fournit, c'est un liquide sanguinolent.

En tous cas, nous sommes en présence de deux états du sang, substance imprégnante; l'un liquide et l'autre solide. Le premier, s'il était suffisamment ammoniacal, ce qu'il faudra démontrer, aurait dû faire, sur l'étoffe, une tache d'un rouge ardent et fortement cernée; le second, si la substance était du sang, n'aurait pas pu produire d'impression vaporographique. Ne possédant que les renseignements les plus imprécis, et la photographie étant rigoureusement incapable de nous dire de quelle nature était la substance qui a fait ces taches, nous sommes pleinement autorisés à émettre à leur égard le doute le plus complet. Est-ce du sang qui les a produites? C'est très douteux, à cause des raisons que je viens de donner. Est-ce toute autre chose, une peinture par exemple? C'est très possible. Il faut consulter l'étoffe pour le savoir.

Je signalerai du reste, à ce propos, de singulières contradictions sur la manière dont on a conçu que ces taches se sont imprimées.

En parlant de la tache qui indique le coup de lance, tache que je discuterai tout à l'heure, il a été dit que, d'elle provenaient d'autres taches, placées au-dessous et « qui ont l'aspect d'un flux de sang ». On a ajouté que « cette blessure a dû causer sa mort, à moins qu'il ne fût mort déjà peu de temps auparavant ». Ici, on paraît vouloir légèrement infirmer les textes qui disent, tous, que le coup de lance fut donné après la mort. Cette blessure ne pouvait donc pas fournir un *flux de sang*, et il semble que ce soit pour expliquer ce flux qu'on tente de dire qu'elle a été faite avant la mort. Elle n'a fourni, comme disent les narrateurs du fait, que du sang et de l'eau, c'est-à-dire de ce liquide sanguinolent qui a, du reste, été constaté quand on a dit un peu plus loin « quoique le supplicié fût mort depuis trois heures environ, une petite quantité de liquide sanguinolent suinta des blessures ainsi rouvertes ». Etonnante contradiction !

On a dit, d'autre part, que « le sang, émané des blessures de la couronne d'épines, devait être sec depuis longtemps ». « Si ce sang était sec, ces gouttes-là ne pouvaient pas s'imprimer de longtemps », voilà ce qu'il conviendrait mieux de dire, car le sang sec n'exerce pas « une action intense » comme on l'a affirmé, *c'est tout le contraire*. Enfin, le sang mouillé, tombant sur un linge fraîchement imbibé d'huile et d'aloès, y conserve, pendant bien longtemps, sa propre couleur qui se différencie énormément du rouge brun produit par une solution ammoniacale. On n'a qu'à faire tomber, sur un linge ainsi préparé, des gouttes de sang et des gouttes de liquide alcalin pour constater la différence.

Comment concevoir alors par quel procédé le sang des blessures a pu fixer ses traces sur l'étoffe de Turin ? La suite de la discussion va essayer de nous le dire, mais, dès maintenant, il semble possible de préjuger qu'on sera mené à conclure en faveur d'une peinture.

Des arguments qui paraîtront rigoureusement sans réplique, et que j'ai réservés pour cette place, vont le prouver.

J'ai dit dans la première partie qu'il ne fallait pas discuter l'alcalinité du sang, mais que le sang, malgré cette alcalinité, n'était pas capable d'impressionner l'aloès par des vapeurs. Il est bien facile de le comprendre. Le sang doit son alcalinité à des sels de la nature de ceux que les chimistes appellent des sels fixes, c'est-à-dire des sels non volatils. Pour le sang, le carbonate de soude en est le principal. Par ce mot *alcali* on désigne familièrement ce qu'on appelle en science les bases, mais cela ne veut pas dire que la base soit ammoniacale. C'est la différence qu'il y a entre le carbonate de soude, partie intégrante et fixe du sang, et le carbonate d'ammoniaque volatil produit par une fermentation. Tous les sels de soude et de potasse employés journellement dans les usages domestiques (lessive, nettoyage, etc.), ne sentent pas l'alcali, chacun le sait, et ce sont cependant des sels qu'on dit alcalins. Mais il n'émettent pas de vapeurs volatiles ammoniacales.

C'est le cas du sang frais. A cet état, il n'émet pas de vapeurs alcalines, mais il est alcalin par lui-même. Une science hypothétique a cru pouvoir se baser là-dessus pour dire qu'il impressionnait l'aloès plus vigoureusement que tout le reste, mais la science positive, celle qui démontre, répond à cela : que ce n'est vrai qu'à la condition *que le sang frais soit en contact avec l'aloès*. Hors de ce cas, seule, la putréfaction peut développer des vapeurs ammoniacales. Le sang sec n'exerçant aucune action, il faut donc que ce soit du sang FRAIS, et qu'il soit en CONTACT DIRECT avec l'aloès, pour que la réaction se produise.

Or, cette condition, rigoureuse et absolue, est foncièrement contradictoire avec l'hypothèse qui prononce, en affirmant le contraire, *sa propre condamnation*.

Pour moi, devant l'impossibilité de ces deux choses indispensables : l'état frais et le contact direct, je me retranche tout simplement derrière l'hypothèse d'une peinture, et je crois être dans le vrai. Je me borne, pour toute justification, à copier l'hypothèse aloétique et à dire, comme elle, que je n'ai pas vu la pièce, mais que mes observations sont tellement exactes que c'est comme si je l'avais sous les yeux.

Poursuivons maintenant cette discussion par l'étude un peu plus spéciale de celles des taches qui sont particulièrement indiquées comme étant des taches de sang.

*
* *

Gouttes de sang. — L'une des plus importantes, et celle qui est le mieux en relief dans l'héliogravure, est la goutte frontale. Nulle autre part elle n'est aussi apparente et aussi bien dessinée, il s'en faut de beaucoup. Il y a plus. Si on la compare avec son analogue du cliché instantané, agrandi par l'auteur lui-même, on constate des différences considérables. Sur ce cliché sa forme n'est plus du tout la même, et surtout elle ne répond plus à la description qui en a été faite par rapport à l'héliogravure.

Au lieu de débuter par un point sombre, elle débute par un sommet bifide qui forme comme un V, fortement élargi, dont les deux pointes, l'une un peu amincie et l'autre légèrement renflée, se dirigent toutes deux en haut, mais chacune latéralement en sens inverse. Puis, elle descend verticalement et s'étale assez nettement une première fois, par côté, mais en émettant, sur le côté opposé, un petit prolongement qui la montre comme s'étalant inégalement à droite et à gauche. Ceci ne se voit nullement dans l'héliogravure. Elle s'incurve ensuite suivant une direction un peu oblique. Ce n'est qu'avec la plus grande peine qu'on distingue la partie terminale qui est comme détachée de la partie principale, et qui se confond presque avec le sourcil. Cet aspect est loin de rappeler celui de la moitié longitudinale du 8 de chiffre accompagnée de sa partie terminale qui, dans son ensemble, est si nettement limitée sur l'héliogravure. Ce n'est donc pas seulement le rendu qui est ici modifié, mais c'est la forme même, et, comme les deux épreuves proviennent d'un même original, on est à se demander quelle peut bien en être la cause. Le lecteur se l'expliquera s'il le peut ; quant à moi je déclare, bien sincèrement, que je ne la comprends pas du tout.

Quant au liseré assez bien accentué qui, sur l'héliogravure, borde la goutte en certains points, on ne le retrouve nulle autre part. C'est pourquoi je ne m'en occupe pas autrement. Je me contente de signaler cette singulière coïncidence d'un texte spécial avec un trait qui n'est gravé que sur la seule planche correspondante. Il a été dit que « cette trace est représentée avec une exactitude parfaite ». C'est possible sur l'héliogravure, mais, partout ailleurs, cela ne se voit pas ainsi, à moins que le cliché Pia ne le montre par la transparence du verre. Il n'y aurait alors qu'à constater que les autres procédés n'ont pas su reproduire le cliché Pia.

Je me suis assuré de tout ceci en faisant des agrandissements de cette région dans chacune des planches publiées. Il est possible que j'ai mal opéré ou mal observé et, s'il en était ainsi, je ne demanderais pas mieux qu'on me le prouve.

Ecchymose de l'épaule. — La prétendue ecchymose de l'épaule nous offrira d'autres particularités. En premier lieu, une ecchymose n'est pas une plaie, elle est un épanchement sous-cutané qui ne se distingue, à la surface, que par la couleur, et parfois, par un peu d'enflure. Or, il n'est pas à croire que la couleur puisse produire, par l'action des vapeurs ammoniacales sur l'aloès, une impression spéciale qui distinguerait, entre elles, les différentes parties de l'image ; ceci serait un peu difficile à démontrer. Il faudrait supposer que la surface du corps aurait été déchirée, et il ne faudrait plus alors argumenter sur une ecchymose.

Elle porte, dit-on, les traces du vêtement plissé sous l'action de la croix. Comment peut-on admettre une pareille interprétation de ces stries si régulières et si obliquement disposées ? Il faudrait reconnaître que le vêtement se serait plissé de la façon la plus anormale, d'un façon que personne ne pourra considérer comme naturelle, et qu'à chaque chute il aurait repris exactement ses mêmes plis. D'autre part, il faut se demander encore si ces stries sont des déchirures de la peau, ou bien de simples plis imprimés par pression sur une surface déjà tuméfiée.

Dans le premier cas, les plis ont dû mettre une certaine constance à scier la peau, toujours à la même place, au lieu de la frotter irrégulièrement et d'enlever l'épiderme sur toute la surface. Dans le second, les vapeurs ammoniacales auraient produit une action, réellement merveilleuse, en conservant si bien, sur le drap, la striation représentée, et il faut ajouter, encore plus merveilleuse, si le drap a été appliqué contre les épaules par les coussins placés par derrière lui, sous la tête. Ne semblerait-t-il pas à tout le monde qu'il faudrait bien examiner, d'un peu plus près, cette tache pour lui accorder une autre interprétation ? Avant de quitter les épaules, posons encore cette question : Quelle signification donner aux taches de l'épaule opposée, celles qu'on voit si bien sur la phototypie ?

Coup de lance. — Le coup de lance va être le sujet d'une toute autre discussion. Il paraît avoir été placé un peu anormalement et l'on doit se demander comment, dans cette position, le cœur a pu être transpercé au point de fournir un pareil caillot, qui constitue, malgré des dires dont il ne faut pas tenir compte, la preuve la moins réaliste de toutes. Il y a d'abord quelques réflexions qui s'imposent.

Premièrement, si le cœur ou même un gros vaisseau avait été percé, le sang se serait répandu dans la cavité thoracique, car il lui aurait été bien difficile de venir, au travers de cette cavité, repasser par l'ouverture que la lance avait faite sur les parois. Le cœur, qui flotte dans la cavité thoracique n'est pas en rapport direct avec les parois, et il y a encore, entre elles et lui, avec un certain espace, les poumons.

Secondement, quoique je ne veuille pas, je l'ai dit, discuter les textes, je suis bien obligé, cependant, de prendre avis ici de l'opinion des théologiens, et d'admettre, avec eux, aussi bien qu'avec ceux qui ont été forcés de le constater, qu'il est sorti un peu de sang et d'eau, c'est-à-dire un peu de cet écoulement caractéristique des blessures faites *très peu de temps après la mort*. Ils ajoutent, en effet, que Jésus venait de rendre le dernier soupir quand il reçut le coup de lance.

Il est bon de poser ici toutes les objections considérées comme possibles. Le coup de lance vient d'être donné après la mort ; aucun doute, ni aucune erreur, ne peuvent exister à ce sujet. Alors : 1° le coup de lance n'a atteint que les parois thoraciques. Il en est sorti ce qui sort de toutes les blessures, faites peu de temps après la mort, un peu de ce liquide sanguinolent, plus séreux que sanguin, qui s'est épanché par la blessure et qui, le corps étant vertical, a été forcé de couler verticalement le long du flanc. Il aurait formé sur le côté une véritable traînée, un ruisselet.

2° Le coup de lance aurait perforé le cœur. Le corps étant suspendu, le sang se serait accumulé dans la cavité thoracique à tel point qu'il aurait pu, à un moment donné, déborder par l'ouverture de la blessure. Il se serait épanché dans ce cas comme précédemment.

3° Le sang, comme dans le deuxième cas, se serait simplement accumulé dans la cavité thoracique, et, lorsque le corps aurait été couché dans le sépulcre, il aurait pu se déplacer, dans cette cavité, de manière à rencontrer l'ouverture de la plaie et s'épancher au dehors. Mais, cette fois, il l'aurait fait en descendant vers le dos, et en allant inonder le corps, en arrière, selon les lois de la pesanteur qui auraient dirigé l'écoulement vers le milieu du dos, où le corps, par son poids, l'aurait écrasé en plaques.

De toutes ces situations, la première est la plus probable, les deux autres sont un peu trop invraisemblables, et si j'en ai parlé ainsi, c'est uniquement pour parer à toutes les objections.

4° C'est le poumon qui aurait été perforé au lieu du cœur. Ceci serait plus vraisemblale, mais en l'admettant, on se heurterait à des difficultés d'explications bien plus grandes. Le poumon est trop mobile et s'affaisse trop, par suite des perforations, pour que l'épanchement au dehors eût été plus facile. En outre, il saigne relativement peu.

Il faut donc en revenir à la première idée, à celle qui s'applique le mieux aux textes indiscutables : le corps a été percé, après la mort, et il est sorti, à la suite du coup, un peu de sang et d'eau fournis par les parois du thorax.

Quelle que soit la supposition adoptée, quelle que soit l'hypothèse à laquelle on s'arrête, il n'en demeure pas moins très exactement établi que l'image du caillot, telle que nous la montre la photographie, ne peut se rapporter à aucune de ces suppositions. Dans aucun cas, en effet, à part celui d'un flux de sang imaginaire qui ne s'est pas produit ici, un caillot, pareil à celui qui est imprimé sur l'étoffe, n'aurait pu se former. Le sang pur aurait été incapable de venir l'étaler dans cette situation, car il lui eût été impossible de jaillir à travers la blessure qui ne l'a pas fourni, pour venir se coaguler comme ces autres caillots dont on dit qu'ils sont restés « accrochés » à la place où ils se sont produits. Quant au sang cadavérique, il ne se coagule que bien plus long-temps après et bien plus difficilement. En outre, il s'accom-pagne toujours d'une quantité importante de liquide, peu ou même non coagulable. Or, la photographie n'accuse absolument rien de ce liquide ; elle montre un simple cail-lot compact, énorme et mal situé, dont un rapiècement cache toute une partie, ce qui le fait supposer encore plus gros.

Le caillot, tel qu'il est représenté, ne répond donc à aucun des phénomènes naturels qu'on pourrait invoquer pour l'expliquer. Il ne saurait être la démonstration d'aucun, et, au lieu d'être une preuve, il devient, tout au contraire, un argument opposable. On a le droit, en conséquence, de ne le considérer que comme un grand pâté de couleurs mal placé. C'est ce que je crois pouvoir faire. Mon raisonne-ment paraîtra-t-il judicieux à tout le monde ? Je l'ignore, mais il me semblait bon de l'établir, et c'est, pour le déve-lopper, que j'ai pris comme point de départ, et surtout comme point d'appui, une légère incursion sur un domaine qui n'est pas le mien.

Blessures du poignet. — J'agirai de même, et par un pro-cédé un peu analogue, à l'égard des blessures du poignet. J'invoquerai, en passant, les textes qui affirment, sans dis-cordances, je crois, le crucifiement par les mains. Vouloir les infirmer par les considérations les plus fausses, c'est, vraiment, lancer la science positive dans une aventure des plus singulières. Prétexter le déchirement des mains, alors que rien ne le justifie, pour justifier à son tour, l'emplace-ment sur les poignets d'une tache dont l'origine demeurera inconnue à tous, tant qu'on ne l'aura pas étudiée de près, c'est s'appuyer sur une cause fausse, dans le sens que je donne à ce mot chaque fois que je l'emploie dans ma dissertation. Il est faux que cela se produise ainsi. La théorie de la main, qui se serait déchirée par la paume, est une conception purement imaginaire qu'annulent toutes les expériences conduites sans parti pris.

J'ai beaucoup disséqué dans ma vie, et surtout j'ai beaucoup fait disséquer. L'homme, juste ce qu'il en faut pour les études préparatoires; les animaux, tant qu'il en faut pour enseigner les sciences naturelles. Chaque fois que j'ai opéré sur des animaux tels que le chien, le chat, le lapin, le cobaye, le rat, la grenouille, etc., j'ai eu souvent des mécomptes, et j'ai pris, depuis longtemps, l'habitude de les fixer par le bras. L'organisation de leurs espaces intermétacarpiens ne permettait pas une fixation solide; trop souvent tout se déchirait. Mais, j'ai disséqué des singes en très grand nombre; mes collections de notre Faculté des sciences peuvent le prouver, aussi bien que l'auraient prouvé celles que j'avais établies jadis à l'Ecole de Cluny. Or, chaque fois que j'ai opéré sur des singes, je me suis contenté de les clouer par les mains. Je n'ai jamais eu d'arrachement, si ce n'est lorsque des élèves, plus ou moins espiègles, et que je laissais faire pour qu'ils apprécient la résistance, s'amusaient à tirer énergiquement sur le membre pour voir « si ça viendrait ».

Je n'aurais, maintenant, qu'à rappeler les expériences déjà faites sur ce sujet, et redire les noms de ceux qui ont cloué un cadavre par un bras, et de ceux qui ont cloué une simple main à laquelle ils ont attaché un poids de cent kilog. Je confirmerais ainsi mon expérience personnelle, et, je ne lui en donnerais que plus de valeur, car, j'ai dû, pour apporter une preuve de plus, répéter, à mon tour, la dite expérience. Grâce aux ressources que nous offre l'hôpital de nos Facultés j'ai pu le faire assez facilement avec le concours de quatre internes qui m'ont gracieusement aidé. J'ai employé un clou assez gros, en fer forgé, avec lequel le cadavre d'un homme, de stature plutôt grande, a été fixé contre une porte de chêne, le clou étant planté dans la paume de la main, entre les métacarpiens correspondants au médius et à l'annulaire.

Tout a très bien résisté, et la seule main, qui supportait le corps tout entier, ne s'est pas le moins du monde aperçue du poids de ce corps. Mais, lorsqu'il a fallu déclouer la main, la difficulté a été très grande. Le seul moyen d'en venir à bout a été de rompre le clou en le ployant, par de violents coups de marteau frappés, alternativement, de bas en haut et de haut en bas. Ceci imprimait au cadavre de très fortes secousses qui semblaient faire croire, à chaque instant, que la main allait se déchirer. Il n'en a rien été, et quand l'opération a été terminée, c'est à peine si, de ce fait, la blessure s'était très légèrement agrandie. En outre elle n'avait pas saigné, ce qui ne peut pas surprendre à cause de l'état cadavérique.

Je me crois donc très autorisé à dire que la raison invoquée pour justifier la tache du poignet est une raison absolument fausse dont il n'y a pas à tenir compte. Tout ce qu'on peut en supposer, pour le moment, c'est que la dite tache est dans le genre de celle du coup de lance; elle est mal placée et on lui a, en l'imprimant, donné trop d'importance.

Traces de la flagellation. — Il me reste à parler des traces de la flagellation. Ici j'avoue mon embarras très grand et ma compétence très petite, car je ne sais vraiment pas comment distinguer les bonnes traces parmi toutes celles entre lesquelles elles sont confondues.

C'est sur la planche en phototypie qu'il faut étudier toutes ces taches, parce que c'est là qu'elles sont le plus fidèlement représentées. Il n'y en manque aucune, et toutes y ont leur valeur respective. Ailleurs, les unes sont mises en belle apparence, d'autres enfin ont plus ou moins disparu. C'est du reste ce qui a été reconnu quand on a dit « sur le dos, dans une place que l'héliogravure n'a pas très fidèlement rendue... », « mais la planche IV, exécutée d'après une épreuve photographique différente, ne les a pas bien conservées ». Des images ainsi modifiées ne sauraient donc constituer un document authentique au même titre que la phototypie qui, elle, n'a rien modifié du tout.

C'est donc à elle qu'il est indispensable de s'adresser pour une discussion utile.

Mais, quelle que soit la manière dont elles sont représentées, il faut remarquer qu'on prétend y trouver des gouttes isolées, des ruisselets, des empreintes d'instruments de supplice ; en un mot, il y a tout ce qu'il faut. Il ne semble y manquer qu'une chose : à part les ruisselets les plus importants, la possibilité de distinguer nettement tout le reste.

Les ruisselets ont des aspects assez singuliers, surtout sur les bras. On cherche le pourquoi et surtout le comment de ces ondes courbes, de ces méandres qui s'enchevêtrent si curieusement. A quelles lois a obéi ce liquide sanguin qui a exécuté de pareilles sinuosités sur une surface plus ou moins convexe, et surtout d'où viennent ces traces si singulières ? On a dit qu'elles venaient du poignet, mais sans pouvoir le démontrer ; on n'a pu émettre à cet égard qu'une supposition, et leur seul aspect semble d'ailleurs la contredire. Sont-elles les conséquences de la flagellation ou bien ne sont-elles qu'une peinture fantaisiste ? Qui peut le dire ? Ni la direction des bras, dans quelle position qu'on les suppose, ni les lois de la pesanteur auxquelles obéissent les liquides, rien ne les explique. Nous devons donc forcément garder envers elles le doute le plus complet, et cela, jusqu'à l'examen direct.

Quant aux taches ordinaires, j'avoue qu'en présence de ce fouillis si nettement accusé par la phototypie, je me sens incapable de toute explication ; ma perspicacité n'est pas assez grande pour me permettre de distinguer entre les gouttes ordinaires et les traces d'un *flagrum* quelconque. Je les ai cherchées dans les agrandissements, les traces de ce *flagrum*, et je confesse humblement mon incapacité à les trouver nettes et bien caractérisées. J'ai bien vu, par ci, par là, quelques taches un peu plus grosses, plus ou moins voisines de taches un peu plus petites ou un peu plus faiblement marquées, mais il y en a tant de ces taches grosses et petites, imprimées différemment et plus ou moins voisines. Il y a tant de mélange entre les traits plus ou moins striés, et les taches plus ou moins rondes, que je m'y perds très facilement, sans pouvoir aucunement constater quelque part, même sur le mollet droit, une tache nette et précise, correspondant exactement à la forme d'haltère, si jolie et si nette, dont le dessin nous est donné comme preuve.

Après tout, je ne sais peut-être pas bien regarder, je n'en disconviens pas, mais je crois n'être pas le seul, car on a dû prendre la précaution de nous dire que ces choses-là « se distinguent très bien en examinant par transparence les épreuves sur verre de M. Pia ». Comme le commun des mortels, je ne connais pas les épreuves, sur verre, de M. Pia, et je suis obligé, en attendant qu'il veuille bien fournir à tout le monde, ainsi que je l'ai demandé, des épreuves directes, de me contenter, pour la discussion, des planches publiées, puisqu'on les donne comme étant les seuls moyens d'investigation. C'est donc leur examen qui me conduit à dire qu'elles sont bien peu démonstratives, et que, si l'explication des taches est bien imaginée, *e bene trovato*, par contre, leur rendu ne la justifie guère.

Il est, enfin, une dernière question à noter. Elle est relative à la direction des taches. Sur le dos, elles paraissent, en majeure partie, imprimées suivant deux sens opposés, ce qui a permis de faire appel à deux flagellateurs. Mais, sur les jambes, elles semblent avoir toutes la même direction. Un troisième flagellateur serait-il intervenu ?

En résumé, il apparaît bien qu'on puisse déduire de tous ces renseignements que, pour pouvoir préciser autoritairement la signification de toutes les taches, il n'y aurait qu'un seul moyen : les étudier sur place.

Je n'ajouterai qu'une simple question : Comment toutes ces taches se sont-elles imprimées, si, comme l'affirment les traducteurs les plus autorisés des textes les plus documentaires, le corps a été lavé ? Etant donné la valeur de ces textes, la compétence des traducteurs et, surtout, la vénération des disciples pour le Maître, ainsi que l'amour de la Mère pour le Fils, il faut croire fermement que le

corps fut lavé. Il serait peut-être sage de ne pas se préoc
cuper du contraire, qui a été affirmé, sans preuves réelles,
par une opinion, ou plutôt, par une interprétation personnelle de textes tout au moins incomplets.

De toutes les preuves que je viens de passer en revue,
aucune ne me paraît suffisamment probante pour rendre
obligatoire l'acceptation de l'hypothèse qu'elles ont la pré-
tention de confirmer. C'est donc cette hypothèse qu'il faut
discuter maintenant pour compléter la démonstration.

III.

L'HYPOTHÈSE

Si j'écris ce titre au singulier ce n'est pas pour laisser
entendre que l'étoffe de Turin n'aurait été expliquée que
par une seule hypothèse, mais c'est parce que l'hypothèse
dont je m'occupe plus spécialement est certainement la
plus importante de toutes. C'est celle qui a été lancée, le
plus bruyamment, à la suite d'une étude dite scientifique,
et qui, placée ainsi sous la protection de la science positive,
a eu le plus de retentissement.

Mais, quelque importance que la discussion, plus ou
moins provoquée, lui ait donnée, on ne peut pas cependant lui sacrifier les autres qu'il semble utile de signaler,
ne serait-ce qu'en passant.

*
* *

Hypothèse du surnaturel. — Les premiers observateurs
de la photographie de l'étoffe de Turin n'ont pas hésité à
penser qu'on se trouvait en présence d'une action impossible à expliquer par des phénomènes physico-chimiques.
Supposant donc que la photographie accusait le résultat
d'une cause qu'on ne pouvait attribuer à l'intervention
d'un homme, ils ne se sont pas demandé si ce résultat

avait été bien rendu, et si la photographie n'avait pas, inconsciemment, mal travaillé. La cause humaine écartée, ils n'ont pas voulu davantage, par respect pour le sujet lui-même, et par obéissance à leurs fermes croyances, admettre une action purement physique, et ils ont confirmé leurs sentiments de foi dans l'acceptation d'une cause surnaturelle.

L'histoire est ensuite intervenue ; et par l'un de ses interprètes les plus autorisés, M. le chanoine Ulysse Chevalier, a démontré que la prétendue relique n'étant pas authentique, il fallait cesser de lui attribuer cette qualité.

Portée sur ce terrain, la discussion nous échappe complètement. N'ayant, ni la compétence ni le savoir nécessaire pour la traiter utilement, nous l'abandonnons à ceux qui ont le droit et la possibilité de la poursuivre. Il en est autrement des explications que, par la suite, la science positive a cru pouvoir, autoritairement, jeter dans la mêlée. Celles-là nous appartiennent et ce sont elles seulement que nous discuterons.

*
* *

Hypothèse de la foudre. — L'idée que l'électricité pouvait avoir joué un rôle dans la confection de l'image imprimée sur l'étoffe de Turin n'est pas très récente. On l'a émise, à l'état de supposition possible, presque au début de la controverse actuelle. On s'est basé, pour y songer, sur le temps orageux qui éclata pendant le sacrifice, sur les actions de la foudre, et on a invoqué un peu l'action des rayons X.

Le temps orageux est indéniable et, sur ce point, on accepte pleinement les dires des historiens. Mais si on les accepte sur ce point, pourquoi ne les accepte-ton pas pour tous les autres. S'ils ne se sont pas trompés en rapportant l'état de l'atmosphère, pourquoi se seraient-ils trompés en rapportant tout le reste. Si leur récit de la tempête est reconnu exact, pourquoi chercher à infirmer leur récit de l'ensevelissement, du crucifiement, etc ? Quoiqu'elles ne soient qu'accessoires il m'a paru bon de faire ces simples remarques.

Pour donner un motif à la pensée d'une action fulgurante on a cité le cas où la foudre imprime, sur un corps quelconque, l'image d'un autre corps. On n'a négligé qu'une chose, c'est que lorsque ces cas se produisent, la foudre, le corps qui fournit l'image, et celui qui la reçoit, sont tous les trois en présence. Telles n'étaient pas les conditions du sépulcre et l'un ne pouvait pas expliquer l'autre. Aussi a-t-on fait appel à une intervention possible des rayons X. La théorie énoncée, toutefois, sous réserves, en quelque sorte prudentes et discrètes, a été bientôt combattue avec succès, et tout semblait oublié déjà lorsque, tout récemment, une nouvelle théorie a surgi, celle de la radio-activité.

*
* *

Hypothèse de la radio-activité. — On suppose que le corps, nu sur la croix, a reçu les effluves électriques, et aussi probablement électro-magnétiques, de la tempête; qu'en outre, exposé au soleil, il a été influencé par les rayons cathodiques de la couronne solaire. Ceci s'accorde assez mal avec la notion du temps orageux, ainsi que M. de Mély l'a fait très justement remarquer. C'est dans ces conditions qu'il a été transporté au sépulcre et là, développant la radio-activité qu'il avait reçue auparavant, il a imprimé son image sur le drap aloétique. Bien mieux, il aurait imprimé ses os, pas tous cependant !

Quoique l'explication soit des moins dignes d'attirer l'attention, j'ai cru devoir lui consacrer, comme en un sommaire abrégé, quelques mots de réfutation. Le lecteur les trouvera, si cela l'intéresse, dans la *Revue scientifique* et dans la *Photo-Revue* (1902), mais il y trouvera aussi mon appréciation principale que je condense dans cette phrase : il n'y a pas lieu de s'en occuper, ce serait perdre son temps et ce serait tout. L'hypothèse est sans valeur, aussi bien que sans fondement; son but semble trop obscur, et nous ne devons pas nous y arrêter un instant de plus. Arrivons le plus vite à la principale.

*
* *

Hypothèse aloético-ammoniacale. — L'hypothèse dont il va être question maintenant repose sur le dire suivant : « Tout homme, ayant enduré un long supplice, mourra avec le corps recouvert d'un dépôt riche en urée : ce dépôt proviendra des sueurs profuses, dont la partie aqueuse se sera plus ou moins vite évaporée : la peau de cet homme *restera moite.* Si donc, après sa mort, on recouvre son cadavre d'un drap *imbibé d'aloès,* l'urée *fermentera,* il se fera du carbonate d'ammoniaque, des vapeurs ammoniacales se dégageront ; ces vapeurs oxyderont l'aloès et donneront *des impressions chimiques négatives.* » Tout ceci revient à dire plus simplement : L'urée de la sueur qui recouvre un corps humain fermente et fournit des vapeurs ammoniacales qui impriment l'image de ce corps sur une toile aloétique dont on l'a recouvert.

Il y a tant de choses à dire pour réfuter cette proposition, en apparence si simple, que je ne sais vraiment par où commencer. Je reconnais qu'il me sera peut-être un peu difficile de mettre de l'ordre dans la discussion. Aussi, je prie le lecteur de vouloir bien me permettre d'aller presque au gré du hasard, discutant les choses à mesure que la logique me les présentera. C'est à ce titre que je parlerai, en premier lieu, de l'aloès.

Les naturalistes connaissent deux substances qui portent le nom d'aloès : ce qu'ils appellent l'*aloès sucotrin* et le *bois d'aloès.*

Le premier est le suc d'une plante de la famille des liliacées, c'est une monocotylédone. La plante est formée par un gros bouquet de feuilles très grandes, très épaisses, très charnues et dont les bords amincis sont garnis de piquants. Du centre du bouquet, s'élève, au moment de la floraison, une longue tige qui porte, à son sommet, un épi de fleurs tubulées, pendantes, et généralement rouges.

C'est dans les feuilles que se trouve le suc gommo-résineux qu'on en extrait sous le nom d'aloès. Quelques-uns ont dit qu'il est presque cantonné dans le milieu de la feuille. Les procédés d'extraction sont différents suivant les pays d'origine, et ces pays sont eux-mêmes divers. C'est ainsi qu'on distingue dans le commerce : l'aloès *sucotrin*, qu'on écrit aussi *socotrin*, ou encore *soccotrin*, qui viendrait de l'île de Socotora, ou Socotra (mer des Indes). Mais le véritable est aujourd'hui bien rare ; c'est presque toujours l'aloès *du Cap* qu'on vend sous son nom. Puis, viennent successivement, l'aloès des *Barbades*, l'aloès *Caballin* que l'on croit originaire des côtes d'Espagne, l'aloès *de l'Inde*, et quelques variétés moins importantes. Enfin, dans le langage vulgaire, on confond souvent toutes ces variétés sous le nom de *chicotin* que l'on donne aussi à quelques autres substances amères.

Le second est le bois d'une dicotylédone. Sa diagnose est un peu confuse, par rapport à ses variétés un peu différentes. On a attribué tour à tour cette expression de bois d'aloès à différentes essences : le bois *d'Aigle*, le bois *d'Agalloche*, le bois de *Calambac*, et aussi à différents genres ; l'*Aloexylum agallochum*, de la famille des légumineuses et l'*Aquilaria agallocha*. Les botanistes sont aujourd'hui d'accord pour y reconnaître l'*Aquilaria* dont ils font une sous-famille, celle des Aquilariées, dans la famille des Thyméléacées. On l'indique dans les textes sous les noms divers d'*Agallochon* (grec) *Agalugin* (arabe), *Ahalot* (hébreu).

Etant données les grosses difficultés qu'on éprouve, par rapport aux drogues de ces époques, à traduire les textes grecs, hébreux ou arabes des premiers siècles, et même de ceux d'avant Jésus-Christ, on comprend très bien la possibilité d'une pareille confusion, et on comprend encore mieux la confusion entre les deux produits : l'aloès *bois* et l'aloès *résine*. Aussi l'un des exégètes les plus autorisés de notre ville, M. le chanoine Jacquier, a-t-il pu me déclarer à ce sujet « qu'on ne pourra rien dire ni rien écrire sur cette question, qui ne puisse donner sujet à ergoter. » Mais il m'a ajouté que tous les exégètes étaient bien d'accord pour n'admettre que le bois d'aloès. J'espère qu'il nous le démontrera, comme il nous l'avait promis, aussitôt que les préoccupations relatives à son grand ouvrage *Histoire des livres du Nouveau Testament* lui permettront de le faire. Pour cette discussion, j'ergoterai seulement sur l'aloès sucotrin, ou *suc d'aloès*, et sur l'aquilaria ou *bois d'aloès*.

Pour expliquer l'hypothèse, on a écrit ceci : « L'histoire nous apprend que les Orientaux et spécialement les Hébreux, utilisaient, pour les ensevelissements, des substances aromatiques : l'aloès et la myrrhe. Si donc la tradition est véritable, il est possible que ces substances soient intervenues dans la production des images. » La tradition est, en effet, bien véritable ; les Orientaux utilisaient bien l'aloès ; seulement ce n'était pas le sucotrin, voilà toute la différence.

Tous les auteurs, sans exception, parlent du bois d'aloès comme d'un bois aromatique ; tous le disent odoriférant. Il est noté partout que c'est un bois résineux et odorant ; qu'il brûle en répandant, par sa fumée, une odeur suave ; que son parfum, quand il brûle, est délicieux. Dans toutes les descriptions, il est toujours question de son parfum aromatique. Mais il est aussi question de quelque chose de plus important. On retrouve chez presque tous les auteurs, et avec quelques variantes, cette notion générale qui le donne comme étant « Bois aromatique brûlé en Orient *dans les temples* et les habitations » « utilisé à cause de son parfum *dans les cérémonies religieuses* », « employé autrefois en Orient à cause de son aromate, pour parfumer les temples pendant les cérémonies », « recherché par les Orientaux à cause de son parfum et de sa poudre odoriférante », et ainsi de suite. C'est toujours la même idée qui revient partout. « Bois aromatique employé comme parfum ». C'est donc bien celui-là que les Orientaux employaient.

Rien de semblable n'est affirmé du suc d'aloès. Nulle part on ne le voit qualifié d'aromate. Partout, au contraire, il est signalé par sa saveur âcre, piquante ; son goût amer, désagréable ; son odeur forte, peu agréable, nauséabonde

même ; ses effets irritants ; ses propriétés purgatives, dras-
tiques, etc. Il y a unanimité dans ces appréciations comme
il y a unanimité aussi à ne jamais lui appliquer le mot :
arôme. Je dirai mieux, et je dirai tout simplement, que
c'est une puanteur dont le maniement, à l'état de poudre
ou de mixture, est assez désagréable et n'est pas sans
offrir quelques inconvénients.

C'est dans les auteurs botanistes les plus autorisés et
dans les meilleures pharmacopées, qu'on trouve toutes les
indications que je viens de condenser. Je crois que les renseignements y sont d'une exactitude autrement grande que
celle des résumés qu'on peut copier dans des œuvres de
simple vulgarisation. Il est vrai qu'aucun de ces auteurs
n'a songé aux récits bibliques par rapport à l'aloès. Dans
le *Dictionnaire de la Bible*, on n'en trouve pas moins
l'indication très précise du bois d'Aquilaria employé pour
l'ensevelissement.

Mais il est un auteur des plus compétents qui intervient
actuellement dans la question. C'est un de ces savants profondément érudits à qui on peut appliquer l'épithète de
« livre fait homme ». M. le docteur Saint-Lager, le biblio-
thécaire bien autorisé de la ville de Lyon, et le botaniste que
les botanistes connaissent, vient de publier dans les Annales
de la Société linnéenne de Lyon, un travail intitulé : « *la
Perfidie des Homonymes*, aloès purgatif et bois d'aloès aromatique ». Ce titre dit tout, et dans cette savante étude qu'on
doit recommander à l'attention sérieuse de tous les intéres-
sés, M. Saint-Lager démontre qu'on a confondu tout simplement le « bois d'aloès odoriférant » avec « l'aloès purgatif » !

« En effet, en aucune partie de son ouvrage, écrit
M. Saint-Lager en parlant de « l'Etude scientifique », il
ne se préoccupe de la complication onomastique qui résulte
de l'emploi du mot *aloès* pour désigner deux groupes de
plantes : 1° les diverses espèces d'*aloe vulgaris*, liliacées
dont les feuilles fournissent un suc qui, desséché, constitue
l'aloès purgatif ; 2° trois arbres dont le bois aromatique
était employé par les Juifs et par la plupart des peuples de
l'Orient pour les fumigations et les embaumements

funéraires. Afin de le distinguer de l'aloès purgatif, on l'appelait *Xylaloe* ou *Aloexylon*, *Lignum aloes*, c'est-à-dire Bois d'aloès. Les médecins et naturalistes grecs l'appelaient Αγαλλοχον. Il est nommé *Ahalot* dans le texte hébreu. » ... « La confusion vient de ce que dans la traduction grecque, dite des Septante, dans la traduction latine, appelée Vulgate, de même que dans toutes les traductions en langues modernes, on a écrit *Aloe* au lieu de *Xylaloe*. »

En citant une longue liste des auteurs où il a puisé, M. Saint-Lager ajoute : « Tous ces commentateurs avaient remarqué que les personnes dépourvues de connaissances botaniques, qui lisaient les traductions grecques ou latines de l'ancienne Bible et des Evangiles chrétiens, étaient inévitablement portées à croire que l'*aloe* mentionné dans ces livres était l'aloès purgatif généralement connu, même des profanes. C'est pourquoi ils ont eu soin de prévenir leurs lecteurs qu'à aucune époque, et chez aucun peuple, celui-ci n'a été compris parmi les aromates employés pour les fumigations et la conservation des cadavres ainsi que des antidotes. » Suit une liste de vingt-six auteurs les plus importants, complétant les douze déjà cités, et compris depuis les temps les plus reculés jusqu'à nos jours.

J'arrête là les citations.

Tous ceux qui, comme M. de Mély, le docteur Brœmer et autres, ont traité la question sérieusement, et sans parti pris d'une démonstration obligatoire, sont arrivés à penser que le bois d'aloès a toujours été réputé comme un aromate et l'aloès jamais. Quant à moi, je suis absolument convaincu que ce n'est pas l'aloès sucotrin qui fut employé. Je vais plus loin, beaucoup plus loin que la simple conviction, car je vais essayer de démontrer, à ceux-là même qui soutiennent l'emploi de cet aloès, que, si leurs affirmations hasardées étaient vraies, c'est l'hypothèse aloético-ammoniacale qui s'écroulerait toute entière sous la seule action de l'aloès sucotrin. L'aloès se chargerait, à lui tout seul, de la ruiner.

Cet essai de démonstration, je le tente, et chacun

l'accueillera et l'appréciera selon qu'il l'aura jugé logique ou illogique.

*
* *

L'aloès est un antiseptique, et c'est même sur cette propriété que quelques-uns se sont rabattus pour expliquer son emploi probable (on n'en est pas certain) par la suite dans les ensevelissements. Voici déjà, pour parler le langage adopté, un premier point acquis à l'aloès, *son antisepsie*. Toutefois, selon la méthode adoptée dans l'exposé de l'hypothèse, il n'est presque pas tenu compte de tout ce qui peut gêner les explications. Les faits qui peuvent conduire à des déductions contraires, deviennent des quantités négligeables « dont il n'est pas utile de s'occuper ». Aussi, l'aloès n'a-t-il pas échappé à ces conceptions singulièrement scientifiques, et il a été dit de l'onguent qui résulte de son mélange avec l'huile d'olives : « utilisé dans les ensevelissements, il constituait un préservatif, d'ailleurs *peu efficace*, contre la décomposition ».

Je vais essayer de démontrer qu'il serait peut-être bon de changer la locution soulignée, et de dire tout le contraire.

L'urée peut fermenter et se transformer, ou plutôt se décomposer, en fournissant du carbonate d'ammoniaque. Mais, elle ne peut le faire que sous l'influence d'un agent particulier, un ferment. La préparation chimique de l'urée détruit ce ferment, et l'urée, cristallisée à la suite, est totalement incapable de fermenter. En présence de ce ferment, la décomposition, véritable putréfaction au sens qu'on donnait anciennement à ce mot, se fait dans les conditions favorables à la vie cellulaire et à la propagation du dit ferment.

Le ferment de l'urée est un de ces organismes inférieurs, si admirablement mis en lumière et réglementés, pour ainsi dire, par notre grand Pasteur. Il a été comparé à celui de la levure de bière, et les deux organismes ont été appelés du même nom *Torula*. L'un, celui de la bière, est le Torula *cerevisiæ*, l'autre, celui de l'urée, est le Torula *ureæ*. Tous les deux se multiplient, ou vulgairement fermentent, dans des conditions déterminées de chaleur, d'humidité et d'état primitif.

Partant de cette analogie j'ai pris de la farine de blé ordinaire et je l'ai pétrie avec de l'eau. J'en ai fait une pâte à laquelle j'ai ajouté une assez grosse quantité de levure de bière. J'ai divisé le gâteau en deux parts. Laissant l'une en l'état, j'ai ajouté à l'autre de l'aloès sucotrin en poudre impalpable. J'ai encore divisé en deux chacune de ces parts et j'en ai fait deux groupes composés, chacun, d'un gâteau simple et d'un gâteau à l'aloès. L'un des groupes a été placé dans un cristallisoir recouvert par une lame de verre, et j'ai laissé l'autre à l'air libre. Dans le vase clos la fermentation du gâteau simple a marché rapidement ; à l'air libre elle a marché normalement dans le gâteau analogue. Mais, dans les deux cas, la fermentation a été complètement nulle dans les gâteaux à l'aloès. Rien ne s'y est produit et ces masses sont demeurées absolument intactes. Elles ont simplement durci en séchant.

D'autre part, j'ai versé, dans deux tubes, du bouillon d'orge ensemencé de levure de bière. Dans le premier la levure a vécu et prospéré normalement ; dans le second où j'avais ajouté quelques gouttes d'aloès dissous par l'eau bouillante, elle a péri assez rapidement. L'antiseptique aloès en était la seule cause.

Mais l'aloès n'est pas le seul antiseptique qui fut employé et il est bon, à ce sujet, de dire un simple mot de l'huile d'olives. Qui ne connaît les vertus et les qualités antiputrides de cette huile ? Qui ne sait que les conserves à l'huile restent soustraites à toute fermentation bien plus longtemps que toutes les autres ? Qui n'est au courant de cette méthode qui consiste à verser un peu d'huile dans le goulot d'une bouteille où sont renfermés des sucs végétaux, préparés pendant leurs saisons, et destinés à être utilisés hors d'elles. La pharmacie, entre autres, emploie cette méthode pour les sucs de fruit, en particulier pour les sucs de pointes d'asperges. C'est donc un fait acquis et reconnu par tous que l'huile est, dans certains cas, un véritable antiseptique.

On peut se demander, même, si ce n'est pas à ce titre que les Orientaux en avaient adopté l'usage dans les toilettes funèbres, et on est, ce semble, en droit de répondre « c'est bien possible ».

J'ai tenu à savoir si l'huile pourrait jouer quelque rôle par rapport à l'urée. J'ai donc versé dans un tube un peu d'urine fraîche et, dans un autre, un peu d'urine très concentrée. Dans les deux tubes j'ai ajouté de l'huile d'olives, de manière à recouvrir le liquide d'une couche d'une certaine épaisseur. J'avais placé, à côté, des tubes témoins, c'est-à-dire, des tubes renfermant les mêmes substances et en même quantité, mais sans addition d'huile. Ceux-ci avaient depuis longtemps fermenté alors que les premiers étaient encore intacts. L'huile, en interceptant le contact de l'air, avait rempli son rôle ; elle avait bien retardé, très énergiquement la fermentation.

J'ai déduit forcément de toutes ces expériences, qui me semblent bien suffisamment probantes, que l'aloès sucotrin tue le Torula et que l'huile est pour quelque chose dans le retard d'une fermentation. M'en tenant pour le moment à l'aloès, je dirai : « *Donc*, si cet aloès tue le Torula, il empêche l'urée de fermenter. *Donc*, si on applique de l'aloès surtout huileux, sur de la sueur urémique, la sueur urémique ne peut pas fermenter. *Donc*, pour parler toujours le même langage, si la sueur était déjà en fermentation, l'application de l'aloès aurait arrêté cette fermentation. *Donc*, si on a employé l'aloès sucotrin, la sueur n'a pas pu produire de vapeurs ammoniacales, et si la sueur a produit de ces vapeurs, c'est que l'aloès employé n'a pas été l'antiseptique sucotrin. Dans les deux cas l'hypothèse s'écroule par ses propres arguments.

Qu'elle se tire de là comme elle le pourra. C'est son affaire.

Mais en face de l'évidence la plus convaincante il faut savoir se montrer généreux. Il faut essayer, autant que possible, sinon d'empêcher, du moins de retarder une chute trop grave, et, pour l'adoucir, on doit épuiser tous les arguments, alors même que ces arguments seraient aussi meurtriers les uns que les autres. Certes ils sont nombreux et puissants ceux qui permettent de détruire la légende ammoniacale, mais encore faut-il les détailler, afin de ne pas encourir le reproche de s'être laissé aller uniquement à l'embarras du choix, et d'avoir tranché cet embarras par un exemple unique.

C'est à ce titre qu'envers l'aloès sucotrin je dirai simplement ce qu'on dit si souvent dans les argumentations : « *Concedo* ». Je le concède cet aloès, mais je le concède à la façon de celui qui, dans un vers célèbre, embrasse son rival pour l'étouffer, car je vais prouver que, même par lui, la réalisation de l'hypothèse est impossible. Ceci me conduit au second point.

*
* *

Il y a deux choses dans cette hypothèse : 1º la sueur qui fournit des vapeurs ammoniacales, 2º l'image qui s'est fixée, à la suite, sur une surface aloétique. Examinons successivement ces deux suppositions.

Il a été dit : « Le fait qu'il y a des vapeurs ammoniacales lors de la fermentation de l'urée ? C'est classique. Le fait qu'un grand malade, un fébrile, un urémique, un homme ayant été, non pas simplement exécuté, mais longuement martyrisé, émettront des sueurs riches en urée ? Personne n'en doute. » Le lecteur voudra bien remarquer le ton singulier de ces citations, mais il notera surtout les allures stupéfiantes de ce qui suit : « Alors, les plus exigeants n'ont pas besoin d'en apprendre davantage. » Vous avez bien lu, amis lecteurs, vous en savez assez comme cela, a-t-on l'air de nous dire, vous n'avez pas besoin d'en savoir plus long, et il ne vous reste plus qu'à accepter ce que je vous raconte.

N'en déplaise, dirai-je à mon tour, nous voulons en savoir davantage, et, très précisément, il faut que nous en apprenions beaucoup plus. Car, nous ne nous contentons pas de savoir que l'urée se transforme, nous voulons connaître comment et dans quelles conditions. Nos exigences vont jusque-là, et, puisqu'on juge prudent de ne pas les satisfaire, nous les satisferons nous-mêmes.

S'il faut en croire les physiologistes les plus compétents, la sueur, dans quelles conditions que ce soit, est acide au début. Tous s'accordent sur cette qualité acide lorsqu'elle vient d'être produite. Quelques-uns ont cru reconnaître une alcalinité dans certaines parties du corps telles que l'aisselle, les doigts de pied, mais il a été demontré que cette alcalinité était due à des résidus accumulés, et que, sous ces résidus, la sueur est acide comme sur tout le reste du corps. Combien de temps demeure-t-elle acide? C'est ce qu'on se garde bien de nous dire et c'est ce que nous voulons savoir de plus, parce que c'est, justement, ce qui va nous permettre de constituer pour l'hypothèse un autre élément de ruine, et non des moins importants.

La sueur ne devient alcaline qu'à la suite de sa fermentation, et cette fermentation est longue à se produire surtout quand la sueur a été desséchée. Or, cette sueur était-elle desséchée ou non? Il faudrait bien, avant tout, s'entendre là-dessus, mais ce sera bien difficile. On est obligé de reconnaître que la sueur s'est évaporée sous l'influence d'un vent violent et de la suspension du corps dans l'espace; la peau est donc devenue sèche. Pour les besoins d'une explication que ceci pourrait gêner on a imaginé que « la peau de cet homme restera moite » afin qu'il puisse y avoir « émission d'une sueur visqueuse, riche en urée ». Dans ces conditions « l'urée fermentera, il se fera du carbonate d'ammoniaque ».

Ce dire est tout simplement un emprunt à ce fait général que l'urée liquide développe, par sa fermentation des vapeurs ammoniacales. Mais qui garantit d'abord que les conditions, invoquées pour justifier cet emprunt, se sont réalisées, alors qu'au contraire tout en démontre l'impossibilité? Qui peut certifier ensuite que les vapeurs du carbonate produit par l'urée, se comportent, en liberté, comme la solution du carbonate ordinaire dans les expériences de laboratoire. Toutes les expériences conduites avec le carbonate d'ammoniaque, ou sa solution directe, ont donné quelque chose; celles conduites avec l'urée ne donnent rien. Aussi ne les a-t-on pas même tentées. Sur quelle autorité peut-on s'appuyer alors pour déclarer vraie une supposition tant imaginaire. C'est une simple hypothèse absolument gratuite et ce n'est pas autre chose. En outre, tout semble la condamner. Ce n'est pas dans la situation où était le corps, qu'on peut admettre que la peau soit restée moite. Cette idée facilite beaucoup les autres conceptions, mais elle ne peut pas être imposée par la seule volonté de ceux qui en ont besoin. Elle n'est pas admissible pour tous les autres.

Si donc la peau est devenue sèche la fermentation de l'urée déposée à sa surface, n'en a été que plus difficile. Cette urée a-t-elle obéi aux actions chimiques qu'on invoque en disant « qu'elle cristallise à la surface de la peau » ? Qui peut apporter à ce dire une certitude indiscutable ? Personne évidemment, si l'un s'arroge le droit de certifier que la peau est restée moite, et chargée d'urée, l'autre peut s'arroger de même le droit de certifier qu'elle était sèche et très pauvre en urée cristallisée. Tous les deux usent des mêmes prérogatives, et c'est, à chacun de ceux qui s'intéressent à la controverse, qu'il appartient de se ranger à l'opinion qui paraîtra la plus vraisemblable. Je suis l'autre dont je parle ici, et je crois plus vrai de dire que l'urée, si urée il y avait, était desséchée à la surface de la peau, et de plus qu'elle y était rare.

J'ai cherché à me rendre compte de ce qui se passe dans les deux cas.

Pendant les grands jours de l'été j'ai pu ramasser avec une spatule, un peu de sueur normale que j'ai recueillie dans deux verres de montre. J'ai exposé l'un au soleil pour y faire sécher la sueur, et j'ai placé l'autre, recouvert d'une lame de verre, dans la chambre humide employée en micrographie, afin d'y maintenir la sueur à l'état liquide. Cette dernière n'a présenté une réaction alcaline assez faible que six jours après. Quant à la première, elle n'en a pas accusé du tout.

Je me suis dit que cette sueur ne devait pas renfermer beaucoup d'urée, si je me reportais aux proportions du titre et à la petite quantité recueillie, et, j'opérai, plus tard, sur une liqueur très riche en urée. Je priai notre professeur de chimie, mon collègue et ami, de bien vouloir me la préparer, ce qu'il a fait avec le plus grand empressement. Par ses soins, et avec l'aide de son préparateur, de l'urine a été évaporée dans le vide, de manière à obtenir une solution concentrée au huitième. C'était beaucoup plus concentré que ce que, dans le style imagé qu'il aimait tant à employer pour ses leçons, le professeur Béchamp appelait « du sirop d'urine », puisque ce « sirop » l'était seulement au douzième. Cette solution fut préparée en vue d'une expérience dont je parlerai tout à l'heure, expérience pour laquelle il la fallait fortement chargée en urée, et basique. Pour pouvoir m'en servir, j'ai dû attendre que l'urée se soit transformée et que la solution fût devenue alcaline. Je n'a pas attendu moins de cinq grands jours. Ce n'est qu'après ces cinq jours que la fermentation s'est mise en train. Par contre, un peu de cette solution desséchée ne m'a rien donné du tout.

Quoique ces questions de fermentation soient essentiellement liées aux conditions générales des milieux ambiants, il n'en est pas moins vrai que, malgré les variations qui en sont les conséquences, l'urée ne se transforme pas tout de suite, il lui faut du temps, et ce temps est d'autant plus long que l'urée a été plus desséchée. C'est classique, dirai-je moi aussi, et c'est ce que la science positive affirme le plus positivement.

Or, il a été imprimé à ce propos : « Toute action de ce genre est astreinte à une condition rigoureuse : il est essentiel que le corps ne soit resté en contact avec le drap que pendant un temps assez court pour que la putréfaction ne se soit pas produite. Si le corps se corrompt, les empreintes, quand bien même elles se fussent réalisées auparavant, se détruiront. » Tout ceci n'est supposé qu'en vue des hypothèses à expliquer, car il était indispensable d'écarter la corruption du corps (1), et c'est tout simplement une de ces hypothèses dont on a dit cette phrase que je me contente de transcrire, comme en une parenthèse : « Ainsi qu'on le voit, l'ingéniosité des constructeurs d'hypothèses n'a plus de bornes. » L'expérience et l'observation *prouvent précisément tout le contraire* de cette hypothèse.

L'observation dit que la putréfaction commence aussitôt que la rigidité cadavérique cesse, et cette rigidité n'est pas de longue durée dans les pays chauds. Elle dit encore que des conditions, invoquées comme favorables à une fermentation rapide de l'urée, devraient être forcément acceptées comme favorables à la putréfaction du corps. L'une ne peut aller sans l'autre, la science le certifie.

L'expérience démontre que l'urée est longue à entrer en fermentation. De son côté le sang, quand il n'agit pas directement par sa substance propre, ne développe des *vapeurs* ammoniacales que lorsqu'il est en putréfaction. Tout cela ne se fait pas tout de suite, et cela se fait ensemble, c'est le fait *positif*. Comment donc concilier toutes ces conditions, sinon en admettant hypothétiquement tout le contraire des preuves scientifiques ?

Lorsqu'on veut faire intervenir la science, il faut savoir en supporter les conséquences. Or, ce qu'on a imaginé étant impossible, il faudrait reconnaître alors, qu'exceptionnellement, toutes les actions se sont produites, les unes rapidement parce qu'elles n'avaient pas, pour se produire, le temps normal, et les autres tardivement parce qu'il ne fallait pas qu'elles se produisent vite. Mais ce serait tout simplement admettre une de ces hypothèses dont on a parlé en ces termes que je relève encore, « cette hypothèse va de pair avec une autre à peine plus étrange » et ce serait surtout antiscientifique.

Une dernière réflexion à ce sujet. Les empreintes de cette nature, au lieu d'être détruites par la putréfaction, comme on le prétend, seraient, tout au contraire, renforcées par

____

(1) Ceci a été reconnu dans une note insérée au chapitre III.

cette putréfaction dont les conséquences (la production de vapeurs azotées) s'ajouteraient aux produits ammoniacaux de la sueur et du reste. L'hypothèse serait ainsi contredite et ce serait ce qu'il y aurait de mieux acquis.

Si maintenant le lecteur veut bien, par la pensée, se transporter au sépulcre, il comprendra l'importance de ce qu'il fallait savoir de plus. On y apporte un corps couvert d'une sueur desséchée. Trente-six heures après l'image est faite, elle est assez vigoureusement imprimée pour qu'elle puisse traverser vingt siècles. N'avais-je pas raison d'affirmer que ce que nous avions besoin de savoir de plus, ce qu'on se gardait bien de nous dire, en nous laissant entendre qu'il n'était pas obligatoire que nous le sachions, était bien l'un des puissants moyens de ruiner l'hypothèse.

Eh ! quoi, l'urée desséchée se serait mise à fermenter vite, vite, à développer rapidement la quantité de vapeurs nécessaires pour imprimer rapidement l'étoffe ; le sang aurait agi, dare, dare, de concert avec l'urée, etc., etc., etc., tout cela à grande vitesse ! Fantaisie imaginaire ou imagination fantaisiste, ce que le lecteur préférera, mais fantaisie avant tout, voilà ce qu'on en peut dire en ajoutant, qu'en tous cas, ceci n'est plus de la science positive. La science positive impose à la production de ces phénomènes des conditions de lenteur qui ne se sont pas réalisées tant s'en faut, et toute hypothèse contraire lui est bien indifférente.

Notre déduction sera forcément celle-ci : Il est impossible d'expliquer le phénomène par l'action de la sueur urémique ; cette action n'aurait pas eu le temps de se produire ! Une controverse de rhétorique purement théorique pourrait seule le soutenir, et cela ne suffit pas.

Toutefois je veux bien ne pas me montrer moins généreux pour l'urée que je l'ai été pour l'aloès, et, à nouveau, je répète « *concedo* ». J'admets, malgré tout, l'impossible, et je concède encore l'urée comme j'ai concédé l'aloès. Mais, je le fais sous la réserve expresse que ceci va me permettre de discuter l'impression directe de l'image. Le torula n'a pas été détruit, *soit* ; il a vite retrouvé sa force et ses moyens, *soit encore;* il a obligé l'urée à produire des vapeurs ammoniacales, *soit toujours*, et ces vapeurs vont imprimer une image. Comment s'y prendront-elles ? C'est ce qui reste à expliquer, surtout par quelques considérations empruntées à la science positive, et c'est ce qui constituera le troisième point.

*
* *

Recherchons tout d'abord comment l'ammoniaque se comporte par rapport à l'aloès.

Le fait que l'ammoniaque agit sur l'aloès n'a rien de surprenant. Nombreuses sont les substances, d'origine organique, et surtout végétales, sur lesquelles les alcalis exercent une action de coloration. La cochenille et son carmin, le curcuma, le tournesol, le suc de violettes, l'extrait de châtaignier, le tannin et *tant d'autres* sont rougis, brunis, bleuis, verdis suivant les cas. Rappelons encore l'action de l'ammoniaque sur la coloration *passagère* des fleurs vivantes, l'assombrissement de la chlorophylle dans les épinards, les mâches, etc. Je le répète, la liste peut s'allonger beaucoup. L'aloès subit la loi la plus générale. Les bases, c'est-à-dire les alcalis, les potasses, les soudes l'actionnent chimiquement, mais elles le font d'une manière toute particulière suivant leurs états respectifs.

On le démontre de la manière suivante : Dans un tube on verse de la teinture d'aloès (solution alcoolique, l'aloès étant soluble dans l'alcool) en y ajoutant un peu d'ammoniaque ; la liqueur devient d'un beau rouge vif et brillant. En opérant de la même façon sur l'aloès dissous dans l'eau bouillante, le rouge est un peu moins vif ; mais il est encore un peu plus terne, c'est-à-dire qu'il tombe un peu plus vers le brun, si on opère sur de l'aloès mélangé avec de l'huile d'olives. Je dis mélangé parce que l'aloès est insoluble dans l'huile. Mais ces différences de coloration sont peu de chose, et on peut dire qu'un liquide alcalin fait virer l'aloès au rouge, quand ces deux corps sont *directement* en présence.

Quand ces deux corps n'agissent l'un sur l'autre que par des vapeurs de la substance active, les résultats sont beaucoup atténués. Si les vapeurs sont légères elles foncent simplement l'aloès ; si elles sont intenses elles le brunissent assez fortement suivant cette intensité, et si elles arrivent à produire une certaine humidité, elles le rougissent. Si enfin cette humidité devient assez grande pour former un liquide, le rouge devient très net, mais il se produit alors un effet assez singulier que l'on constate facilement, en faisant agir l'alcali, à ces différents états, sur une toile imbibée de mixture aloétique.

Les vapeurs, condensées au point de quitter leur état pour prendre la forme de gouttes liquides, marquent la toile d'une tache, au centre d'un beau rouge clair. Quant aux bords ils apparaissent nettement et fortement cernés d'un liséré rouge plus sombre, assez régulier tout autour de la tache. Il suffit donc d'une goutte uniformément liquide, c'est-à-dire, sans bords épaissis, pour produire sur la toile aloétique une tache cernée d'un liséré sombre.

Le même fait se produit sans cerne régulier de la tache, lorsque la toile aloétique est en contact direct avec une partie, simplement humide, du corps sur lequel elle est appliquée. Sur ce point-là, la toile prend un ton rouge clair et vif, qui se fond et se perd un peu dans le brunissement d'alentour. Il semble, qu'au lieu de s'assombrir, ces parties-là s'éclaircissent, parce que la réaction y est plus complète et que le rouge, qui en est le résultat, y est mieux accentué.

Or, les vapeurs ammoniacales peuvent se dégager librement d'une surface humide, et voilà pourquoi on a invoqué la peau moite alors que tout semble indiquer que cette peau devait être sèche. Mais, sèche, on ne saurait trop le répéter, elle n'expliquait plus aussi facilement l'hypothèse. Pour qu'une sueur, desséchée par l'exposition en plein vent du corps qui l'avait produite, ait pu dégager de ces vapeurs, il a fallu qu'elle redevienne humide. Sous l'influence de cette humidité, la toile devrait donc présenter certaines différences aux points de contact.

On pourrait objecter que, eu égard au peu d'intensité de l'humidité ainsi produite, ces différences seraient peu de chose et qu'elles seraient même difficiles à établir dans beaucoup de cas; mais elles n'en existeraient pas moins.

Enfin, lorsque du sang frais, ou vivant, est répandu en petite quantité et par gouttes, sur une toile aloétique, son alcalinité directe n'amène pas, dans la coloration de l'aloès, le changement auquel on pourrait s'attendre, parce que sa couleur, à lui, masque beaucoup l'action qu'il peut produire, elle la domine. En regardant par transparence, c'est alors la couleur du sang lui-même que l'on apprécie et non pas celle d'une réaction.

*
* *

Mais, par rapport à la mixture, il est indispensable de recourir à de nouvelles expériences. On verse, dans un tube, de la mixture composée d'huile d'olive et d'aloès. On ajoute de l'ammoniaque et on agite vivement; on ajoute encore une certaine quantité d'eau, on agite à nouveau et on laisse reposer. Il s'est produit dans le tube ce qui se produit toujours invariablement lorsque des corps gras et des alcalis sont en présence, une saponification. Tout le monde sait bien qu'on fabrique les savons avec des graisses ou des huiles et des soudes ou des potasses. Dans ce cas-ci, c'est l'huile seule qui a été saponifiée. On la voit, en effet, monter dans le tube à l'état de grumeaux compacts d'un jaune clair, ne rappelant que la couleur de l'huile. Quant à l'aloès, la saponification l'a complètement séparé de l'huile et l'eau qui s'en est emparée s'est précipitée au fond du tube, sous forme d'un liquide d'un beau rouge, le rouge de sa transformation.

En est-il de même sur la toile imbibée de mixture? Il est presque impossible de répondre à cette question, car l'observation du fait est trop difficile. Mais, il est probable qu'il doit en être ainsi. L'huile et l'aloès doivent se séparer, seulement le savon formé n'a pas la facilité de se dégager; il demeure adhérent à la surface de la toile, aux fils et dans les mailles. Sur cette surface il emprisonne mécaniquement les parcelles d'aloès qui ont bien pu se séparer de lui, mais qui sont, comme lui, demeurées sur la toile. Il en résulte un magma savonneux qui adhère à la toile et s'y fixe.

Tout savon étant plus ou moins soluble dans l'eau, si on lavait la toile le savon devrait se dissoudre, et tout s'en irait. Le savon se dissoudrait d'autant mieux qu'il serait beaucoup plus sec. L'expérience en accuse quelque chose. Si on lave la toile la teinte change totalement ; elle devient d'un rouge brun sale, rappelant presque une lie de vin de couleur claire. On pourrait expliquer ceci de la manière suivante,

L'huile sur la toile est en trop grande abondance par rapport à la petite quantité d'alcali que lui apportent les vapeurs, surtout si elles agissent seules. Le savon se fait alors très mal, la saponification est trop incomplète, mais peut-être suffit-elle pour amener la séparation de l'huile et de l'aloès. L'eau, intervenant, dissout une bonne partie de cet aloès, et l'aspect de la toile en est, par cela même, modifié.

Ce qui prouve bien que la saponification est très incomplète et qu'il n'y a pas assez d'alcali pour saponifier toute l'huile, c'est la longueur infinie de la dessication. Une toile imbibée d'huile aléotique ne sèche qu'après un temps qu'il est bien difficile d'apprécier actuellement. Depuis plus de six mois je tiens des toiles aléotiques suspendues dans des courants d'air ; elles sont aussi huileuses qu'au premier jour. Si elles étaient entièrement savonneuses elles eussent déjà séché.

Mais, plus un savon est sec, plus il est soluble, toutes les ménagères le savent bien. Aussi, plus les vapeurs ammoniacales auront agi sur la mixture, mieux le savon se sera constitué, et mieux il aura séché. Ce savon sera donc le plus soluble aux points où l'image qu'il aura formée sera la plus vigoureuse.

Si donc on admet une saponification assez complète pour avoir fixé l'aloès oxydé sur la toile, on peut, ce semble, de tout ce qui précède déduire ceci : si l'étoffe de Turin porte, comme on le dit, une image en savon résultant de la saponification par l'alcali d'une mixture aléotique, cette image n'aurait-elle pas disparu au lavage énergique que cette étoffe a subi? Et si le lavage n'a pas modifié l'image saponifiée, n'est-ce pas la meilleure raison pour chercher ailleurs la cause de cette image? L'eau pure dissout le savon, elle ne dissout pas la peinture. Tout le monde le sait.

Cet argument, pour être considéré comme accessoire par quelques-uns, n'en conserve pas moins sa force comme contradiction de l'hypothèse.

J'ai voulu enfin m'assurer si, à la suite de toutes ces manipulations, les fibres du tissu se coloraient, comme elles le font, par exemple, avec la fuchsine alcalinisée. La fuchsine seule ne colore pas la fibre végétale, on y ajoute de l'alcali et la fibre se colore. Mais, l'examen microscopique ne m'a pas donné des résultats assez positifs pour que je puisse généraliser. J'en ai trouvé, en très grand nombre, de colorées, surtout dans les taches de liquide, mais j'en ai aussi trouvé beaucoup d'incolores. Je ne conclus donc pas affirmativement pour le moment; il y a lieu de mieux approfondir cette question, et ceci pourra se faire quand on examinera avec le microscope l'étoffe de Turin.

Je ne voudrais pas quitter ce sujet sans dire un simple mot de la myrrhe qui fut employée en même temps que l'aloès et, selon la formule, par parties égales. D'où vient qu'elle a été mise complètement de côté, et qu'il n'est, partout, question que de l'aloès?

La myrrhe ne se comporte pas du tout comme l'aloès. Complètement insoluble dans l'huile, elle est très peu soluble dans l'eau, et peu soluble dans l'alcool. Les alcalis ont sur elle une action presque nulle. C'est à peine s'ils la foncent d'un jaune sale qui se trouble dans la solution alcoolique, parce que l'eau de la solution ammoniacale précipite la matière résineuse dissoute; les deux résines ne sont pas les mêmes. Son mélange avec l'aloès atténue singulièrement les intensités de celui-ci. Une impression, formée par le mélange à parties égales d'aloès et de myrrhe, est moins intense et plus jaunâtre que celle qui est due à l'aloès tout seul. Toutes ces raisons étaient-elles suffisantes pour écarter la myrrhe et ne retenir que l'aloès ? Personne ne le jugera ainsi, et puisque les deux produits ont été employés ensemble, il fallait, c'était rigoureux, expérimenter sur les deux produits mélangés. On ne l'a pas fait, j'en demande encore le pourquoi.

Pour mieux discuter j'ai fait comme tout le monde, j'ai agi avec l'aloès tout seul; mais j'ai aussi agi avec la myrrhe toute seule et avec un mélange égal de myrrhe et d'aloès. C'est ce qui me permet les remarques que je viens de faire et que j'accentue en répétant ma question : Pourquoi l'aloès tout seul ?

*
* *

Maintenant que nous connaissons l'action de l'ammoniaque sur l'aloès, discutons comment, à la suite de cette action, les vapeurs ammoniacales peuvent former une image.

Je me suis dit que le meilleur moyen de démontrer un fait était de se servir des éléments qui renferment, les mieux développés, les facteurs probables de ce fait. J'ai songé à certains poissons cartilagineux, squales et raies, qui possèdent, à un très haut degré, la faculté d'émettre des vapeurs ammoniacales et j'ai choisi la raie dite raie bouclée.

En appliquant, sur le dos du sujet, un papier de tournesol rouge, je me suis assuré que les vapeurs émises étaient bien alcalines. L'odeur à distance le disait déjà suffisamment, mais le papier l'a certifié, car il a bleui presque instantanément et intensivement. Je me suis bien gardé de laver le poisson et j'ai appliqué, sur sa face dorsale, une toile imbibée de mixture aloétique. Par son propre poids la toile se moulait sur toute la surface du corps qui était étalé sur une planche de soutien. Les nageoires se terminant à rien sur les côtés et à leurs angles, finissant à O, comme disent les ingénieurs; la toile se trouvait, sur tout le parcours des bords, directement appliquée sur la planche. Il n'existait, sous elle, aucun vide en ces points-là.

Il n'en était pas de même au-dessus de la queue dont la rotondité relative soulevait le linge de telle sorte que sur le trajet de cet organe, il y avait, entre le soutien et la toile, un certain espace.

Le lendemain, je constatai une image fort accentuée par un brunissement énergique. Elle avait exactement la forme losangique et les proportions du poisson, mais, autour de la queue, toute la toile avait été impressionnée par les vapeurs qui, obéissant à la loi de diffusion, avaient rempli les espaces. L'organe paraissait quatre à cinq fois au moins plus gros qu'il n'était. En outre, rien n'était dessiné sur l'image, ni les boucles, ni les rayons des nageoires, ni les yeux, ni les évents, ni les encoches et les saillies des parties mâles qui dépassaient le corps, ni les sillons de la queue ; rien de tout cela, absolument rien ne se voyait. C'était une grande plaque brunie assez fortement, et rougeâtre par transparence, mais ce n'était pas autre chose. L'image ainsi constituée, il y a quelques mois, a déjà un peu faibli et elle faiblira encore davantage, j'en suis absolument certain.

J'ai recommencé l'expérience, mais cette fois, au moyen de cales placées à une petite distance de l'un des côtés du corps, j'ai maintenu le linge aléotique soulevé en cette région. J'ai ainsi créé un espace dans lequel les vapeurs ammoniacales ont agi selon leurs propriétés de diffusion. L'image produite représentait exactement la silhouette du corps du côté où le linge était appliqué, et, de l'autre, cette silhouette se prolongeait en une bande confuse qui répondait exactement à la configuration du linge. Dans cette partie, l'emplacement des cales, indemne de toute action, se distinguait nettement.

Je considère cette expérience comme absolument concluante et déterminante à l'égard de ce que j'ai toujours soutenu et de ce que je soutiendrai toujours, à savoir : que les vapeurs ammoniacales sont dans l'impossibilité totale d'obéir à la loi des distances pour fournir l'image modelée du corps qui les émet, alors surtout que les distances de ce corps ne sont que les reliefs d'une tête humaine. Je déclare ceci tout à fait impossible, et la suite de mes expériences me l'a pleinement confirmé. Je vais en donner de nouveaux exemples.

*
* *

La poudre de zinc, par son adhérence avec le plâtre, ayant mis hors de service les médaillons dont j'ai parlé plus haut, j'ai dû en faire exécuter de nouveaux exemplaires. Le médaillon plat et le médaillon à grands reliefs ont été trempés tous les deux pendant vingt-quatre heures dans une solution de carbonate d'ammoniaque, puis, ressuyés simplement et encore légèrement humides, ils ont été recouverts par le linge aléotique. Après deux jours d'expériences, ils avaient fourni tous les deux une impression générale presque uniforme dans laquelle on distinguait, à peine un peu plus rougis, les points principaux de contact. Mais, pas plus que le médaillon à reliefs peu sensibles, que le médaillon à grands reliefs, aucun d'eux n'avait produit un modelé rappelant, même de loin, sa configuration sculpturale.

Entre le modelé de l'étoffe de Turin qui nous est accusé par la photographie et celui de toutes les images que j'ai pu obtenir dans mes diverses expériences, personne ne saurait trouver aucun rapport. Mis en regard soit des résultats ci-dessus, soit de ceux obtenus par la main et la tête de plâtre à peine ou incomplètement réussie, le modelé si net de ladite étoffe prouve assez par lui-même qu'il n'est pas l'œuvre de vapeurs ammoniacales qui l'auraient imprimé sur une toile imbibée d'huile, d'aloès et de myrrhe. Ici, en effet, il faut bien se garder de mettre la myrrhe de côté, elle y était.

Mais le modelé en question offre encore des particularités sur lesquelles il est bon de dire un mot.

J'ai parlé en son temps d'un cliché pris à la dérobée par la méthode dite instantanée. Voici, nous dit-on, comment il fut fait : « Il ne fut permis à personne d'en faire autant (de photographier comme le chevalier Pia), mais, avec de petits appareils, il ne fut pas difficile de violer la consigne. L'interdiction d'ailleurs était faite, plus qu'aux autres, aux photographes de profession, afin qu'ils ne pussent mettre en cours des photographies non approuvées par la commission ou le comité des fêtes. Beaucoup, par suite, furent faites par des amateurs, et l'une d'elles, faite par nous, est représentée par la figure 17, et le positif de celle-ci par la figure 16 ». Les figures 19 et 20 en sont les agrandissements. Ces planches phototypiques, outre les différences que j'ai déjà signalées, accusent surtout des divergences notables dans la représentation des cheveux.

La phototypie et l'héliogravure ne rendent pas ces organes de la même manière. A droite de la face positive, les deux procédés se rappellent vaguement, mais, à gauche, ils ne se rappellent plus du tout. La phototypie semble bien les accuser tels que les peintres ont l'habitude de les représenter, par bandes sinueuses, les plus rapprochées de la figure étant les plus fortement ombrées pour mieux encadrer celle-ci ; les plus éloignées étant les plus claires pour mieux accentuer l'ensemble de la chevelure. C'est net et assez tranché comme le serait une peinture, et, du côté droit, c'est comme rongé par places, ainsi que le serait encore une peinture usée. Sur les têtes agrandies par l'héliogravure, et surtout sur la grande planche, le côté gauche n'est plus du tout semblable.

Je me suis demandé d'où pouvaient provenir ces différents aspects et j'ai cherché à savoir comment s'impriment les cheveux. Les expériences précédentes n'ayant rien pu me dire à cet égard, j'en ai institué une nouvelle. J'ai pris une tête de poupée de douze centimètres environ de hauteur. La tête était en bois brut sculpté et creusée à l'intérieur. Je l'ai coiffée d'une chevelure abondante faite, bien entendu, de cheveux humains, et longue d'environ vingt-cinq centimètres. Je l'ai immergée pendant quatre jours dans la solution concentrée d'urine dont j'ai déjà parlé à propos de l'urée, solution que j'avais préparée exprès pour cette expérience. J'ai attendu que cette solution fût franchement ammoniacale. J'ai retiré la tête du bain et je l'ai mise à sécher rapidement dans un courant d'air. Je l'ai enfin enveloppée dans une toile aloétique.

J'avais arrangé les cheveux à la façon de l'image de Turin et je les avais, par le bas, disposés par mèches. Au bout de quatre jours, j'ai déplié la toile sur laquelle j'ai constaté un léger brunissement général, plus accentué au niveau de la figure, mais je n'ai pu relever le moindre modelé de la tête, pas plus surtout que le moindre modelé des cheveux. A leur emplacement, tous les détails étaient absents, complètement absents. Il n'y avait pas plus d'ondulations que de mèches, et pas la moindre trace de cet étagement si bien mis en relief par la photographie, fidèle traducteur de l'étoffe.

J'en ai déduit que les cheveux ne conservaient pas sur eux assez d'éléments pour pouvoir s'imprimer nettement, et j'en ai déduit encore que s'ils sont si bien représentés sur la toile de Turin, c'est qu'ils y sont peints. Il est impossible que des vapeurs ammoniacales les y aient aussi bien imprimés.

Que dire encore de ces gouttes de sang si curieusement étalées sur la nuque ? Qui pourra expliquer comment elles ont ainsi perlé à travers les cheveux très épais en ce point ? Comment ont-elles fait pour en traverser, sans encombres, tout le paquet et venir s'imprimer *si nettement* sur la toile ? (Voir, à ce sujet, l'héliogravure, face dorsale.) Qui pourra traduire enfin la forme de certaines d'entre elles, entre autres celle qui est sur la droite de l'image, l'avant-dernière, au-dessus de la plus grande partie du pli brisé située tranversalement, à la naissance du cou ? Ne ressemblerait-elle pas, par hasard, à une haltère, celle-là aussi ? Et si enfin ces gouttes étaient sèches, comment se sont-elles imprimées ? Autant de questions dont aucune de mes expériences et aucune de mes observations n'ont pu me donner la solution. Mais peut-être mes expériences ne sont-elles pas bien conduites et mes observations sont-elles trop imparfaites. Je n'en disconviendrais pas au besoin.

*
* *

Je ne saurais abandonner cette question du modelé, que les vapeurs ammoniacales ne reproduisent jamais pareillement aux images de Turin, sans consacrer quelques observations sommaires à la région où devrait se trouver le *périzoma*. Il y a là des éléments fort analogues à ceux dont je viens de m'occuper, et, à l'inverse de ceux-ci, ils ne sont pas imprimés sur l'étoffe de Turin. Si on m'objectait que c'est à cause du creux trop grand, je répondrais, d'abord, qu'on a admis l'impression pour des creux beaucoup plus grands, et ensuite, que les points principaux de la région avaient une saillie plus que suffisante pour s'imprimer très nettement, d'après l'hypothèse. Ceci ne se discute pas. Les saillies étaient plus que suffisantes pour tout imprimer par les moyens supposés pour tout le reste.

Si rien n'est accusé, c'est uniquement parce que le peintre, préoccupé de représenter les choses le plus véridiquement possible, a reculé, autant par respect que par crainte de soulever des protestations indignées, devant la représentation du nu complet. Il s'est contenté, comme cela se fait dans beaucoup de cas, de porter une ombre assez forte, et il s'est bien gardé de peindre un périzoma qui eût enlevé à son œuvre tout semblant de vérité.

Toutefois si on m'objectait que les mains, par leur situation, cachent la région et ont empêché toute impression, voici ce que je répondrais :

1° Chaque fois qu'ils ont été nécessaires pour des explications un peu difficiles on a invoqué des paquets de linge, et on admet qu'on en a mis un peu partout. Ceci laisse supposer qu'il y en avait au sépulcre une ample provision. On se demande alors pourquoi les ensevelisseurs, qui les ont tant prodigués, n'en ont pas utilisé quelques-uns pour en faire, d'une manière quelconque, un périzoma. En agissant ainsi ils se seraient montrés beaucoup plus respectueux qu'en disposant les mains contrairement aux coutumes juives qui, d'après les textes, ont été observées.

Ces coutumes, par décence, faisaient et font encore, je crois, appliquer les bras le long du corps. Entre l'emploi répété de linges et une disposition irrespectueuse, les disciples du Maître si vénéré n'auraient pas hésité.

2° Un peintre seul a pu faire ce que font tous les peintres qui, désireux de ne pas représenter le nu complet, et d'éviter des périzoma plus ou moins disgracieux ou non réalistes, disposent les bras et les mains dans les situations les mieux appropriées. Cette pratique est la plus courante parmi les artistes.

Ai-je raison oui ou non ? Il me semble que oui parce que, discutant sans parti pris, je crois raisonner juste. Je suppose ces explications les meilleures de toutes. En tous cas, en l'absence de *périzoma*, et en l'absence d'impression *des fortes saillies* qu'il eût recouvertes, je les crois les plus logiques. Approuvé par ceux qui penseront comme moi ou blamé par ceux qui penseront le contraire, je n'en conserverai pas moins, jusqu'à démonstration effective, cette ferme conviction.

*
* *

Il me reste une dernière solution à fournir. Elle est relative à l'énergie, et à la durée des impressions, par rapport à la quantité des vapeurs émises.

Une de mes premières expériences avait consisté dans ceci : Au fond d'un bocal très élevé j'avais déposé une petite quantité d'ammoniaque. Au sommet du bocal j'avais établi une petite cuvette renfermant également de l'ammoniaque. J'avais ainsi une couronne et un cercle d'ammoniaque séparés par un grand intervalle. Je recouvris le tout d'un papier imbibé d'une solution alcoolique de naphtaléine. Au lieu d'obtenir sur le papier un cercle et une couronne de diverses intensités, ainsi que la loi des distances aurait dû l'exiger, j'obtins un papier rougi uniformément sur toute la surface ; mais le rouge ne dura pas longtemps, il disparut très vite. Il me fut objecté que les vapeurs étaient trop condensées dans le bocal.

Je pris alors un de ces mannequins de bois que les peintres appellent une maquette. Je le fis tremper dans une solution de carbonate d'ammoniaque. Je l'essuyai au sortir de ce bain et je l'enveloppai dans un linge imbibé de la mixture d'huile et d'aloès. Je n'obtins aucune image réelle, je constatai quelques taches aux endroits où le bois avait suinté, du brunissement vers les régions de la maquette les mieux en contact avec le linge, mais dans l'ensemble, le résultat fut négatif; aucun modelé, ni du corps, ni même d'un organe ne fut accusé. Au surplus, le peu d'impression obtenu n'a pas tardé à disparaître. Aujourd'hui, six mois après l'expérience, il n'en reste presque plus de traces. Il m'avait été objecté cette fois qu'il y avait trop d'ammoniaque et il fut ajouté, plus tard, que pour faire réussir l'expérience il faut une petite quantité de vapeurs ammoniacales se dégageant lentement et dans le plus grand calme.

Faut-il beaucoup d'ammoniaque, n'en faut-il pas beaucoup ? Telle était la question qu'il me paraissait nécessaire de résoudre.

Toutes les expériences que j'ai successivement rapportées et quelques-unes d'entre elles, par exemple, celle du mannequin que j'ai recommencée plusieurs fois, à des doses alcalines différentes, m'ont démontré ce que j'affirme par les propositions suivantes : 1° Quand la solution alcaline est très faible et que les vapeurs dégagées sont très peu abondantes, l'image se forme très faiblement et aux points principaux seulement ; 2° quand la solution est moyennement forte, et les vapeurs moyennement abondantes, l'image se marque bien et dessine assez bien la silhouette ; 3° quand la solution est très forte, et que les vapeurs sont très denses, elles impriment une silhouette vigoureuse où tout est indiqué uniformément, telle la grande plaque de la raie citée plus haut. Dans tous les cas, partout où les vapeurs peuvent pénétrer par suite de la diffusion, elles transforment l'aloès selon leur valeur agissante, mais sans jamais produire nulle part de modelé réel. Le peu d'apparence de modelé qu'elles pourraient fournir, par accident et dans des conditions d'une exceptionnalité inexplicable, serait bien et bien loin de supporter la comparaison avec les photographies de l'étoffe de Turin.

Relativement à la durée, mes expériences me permettent encore d'affirmer que : 1° Lorsque l'impression est faible elle ne dure pas longtemps : j'avais obtenu au mois de mai dernier des impressions faibles qui, en novembre suivant, avaient complètement disparu ; 2° lorsque l'impression est moyenne, ou forte, l'image semble devoir persister assez longtemps, mais elle s'affaiblit quand même ; son affaiblissement n'est que plus ou moins lent, suivant son degré d'intensité ; 3° enfin, lorsque, au lieu des vapeurs, c'est la solution ammoniacale qui imprime directement le linge, la tache produite semble annoncer qu'elle sera de très longue durée.

L'affaiblissement des images est à retenir essentiellement, car il constitue une preuve qui vient s'ajouter à toutes celles par lesquelles on peut combattre l'hypothèse avec succès. C'est du reste un fait bien connu que toute transformation, due à un alcali volatil (et les vapeurs de toute solution ammoniacale sont dans ce cas) s'atténue et disparaît avec le temps. Quand on expose aux vapeurs alcalines un papier de tournesol acide, il bleuit, mais, si on le soustrait à l'action de ces vapeurs, en le suspendant librement dans l'air, le bleu ne tarde pas à disparaître et le rouge à reprendre sa place. Cette question de fixité et de volatilité des couleurs, suivant leurs origines, tout le monde la connaît. Par rapport aux impressions ammoniacales la volatilité est certaine.

Je déduis donc du mode de formation des images aloétiques, d'une part, que ces images ne s'impriment vigoureuses qu'à la condition d'être dues à beaucoup de vapeurs intenses, et d'autre part, que si elles ne sont pas vigoureusement imprimées elles ne durent pas longtemps, elles s'affaiblissent et s'effacent.

Simple remarque.

Je ne voudrais pas terminer cette discussion générale sans faire une observation qui, tout en n'étant pas d'ordre scientifique, ni d'ordre historique, ne m'en paraît pas moins offrir une certaine importance, je dirai même une importance... grande.

Pourquoi n'a-t-on rien dit de la situation des images sur l'étoffe ? Toute mon observation tient dans cette simple question que M. de Mély a déjà esquissée.

En examinant le cliché instantané on constate bien facilement que les deux images occupent sur l'étoffe une situation dont la régularité est tout simplement remarquable. Abstraction faite du bord qu'on a dû replier, l'intervalle des têtes est assez bien au milieu de la longueur. Quant aux côtés, ils sont égaux de partout.

A-t-on régularisé l'étoffe autour des images? Ce serait à voir de près en examinant les lisières.

Y aurait-il une légère différence masquée par les bordures « de couleur légèrement violette » et qui sont venues en clair sur le négatif, contrairement à ce qu'elles auraient dû faire si elles n'avaient été copiées que par réflexion (un point *à méditer* pour la question de doublure et d'opacité par transparence, on ne paraît pas s'en être trop préoccupé). En tout cas, la différence serait bien légère.

Peut-on supposer, qu'en enveloppant à la hâte le corps, on a pris la précaution de le disposer aussi régulièrement dans l'étoffe ?

Et tout le monde n'admettra-t-il pas enfin qu'un peintre seul a été capable d'étaler aussi bien une image ?

Qu'en penseront mes lecteurs ?

RÉSUMÉ

Le point de départ a été que l'image est négative sur l'étoffe de Turin. Personne n'en sait rien, personne ne peut l'affirmer. Pour les uns, certaines considérations permettent de le croire; pour les autres, des considérations contraires autorisent à ne pas le croire. Dans le doute permis à chacun, chacun peut s'abstenir et attendre une confirmation. Positive il n'y aurait plus à s'en occuper par rapport à l'hypothèse principale. Mais, même en l'admettant négative, cette qualité n'est que secondaire envers cette hypothèse, la seule qui a été présentée sous le couvert de la science affirmative et qu'on a dit être, pour cette raison, scientifique. Je vais en traduire sommairement les propositions fondamentales et en résumer les conséquences.

Cette hypothèse a pour première base un corps couvert de sueur urémique. La base est on ne peut plus fragile, car on ne peut pas prouver qu'il en a été ainsi. Personne n'en sait rien, et il faudrait être singulièrement osé pour l'affirmer de haute autorité, tandis qu'on peut avancer qu'il aurait fallu que cette sueur fût d'une abondance absolument extraordinaire, et qu'elle fût dans des conditions physiologiques contraires à toutes les normales.

Cette sueur s'est évaporée, mais on admet qu'elle est demeurée à l'état visqueux. Or, dans cet état elle a dû rester neutre et même plutôt acide. Dans le cas où l'évaporation aurait été complète (ce qui est plus probable) elle aurait pu peut-être cristalliser. Mais, visqueuse ou cristallisée, elle n'en a pas moins été embarrassée des autres sels et des autres principes de la sueur. Pour qu'un pareil résidu ait été capable de produire l'action qu'on lui demande d'avoir produite, il aurait dû provenir d'une masse énorme de sueur, car l'urée, même dans la sueur la plus urémique, est en proportions relativement très modestes. Ce sont ces notions indiscutables qui constituent le fait le mieux acquis.

Sous quelque état qu'on puisse la supposer, on peut toujours objecter qu'il eût fallu, de la sueur et de l'urée tout à la fois, une quantité bien supérieure à toutes celles qu'on peut constater dans les cas les plus exceptionnels. Comme toutes les parties du corps, y compris les cheveux, ont formé leur image en des points de la toile corresponpondants, il eût été nécessaire que toutes aient été couvertes d'urée. Le corps entier aurait dû en être *enfariné*. Malgré qu'il soit rendu obligatoire par l'hypothèse ellemême, ce dire est tout à fait inacceptable.

On n'a, pour s'en convaincre, qu'à se rappeler l'affirmation suivant laquelle la surface du corps a imprimé son image par des vapeurs qui se sont projetées directement, sans s'écarter de la direction verticale, par rapport aux points d'où elles provenaient, c'est-à-dire, sans se répandre ou à droite ou à gauche. Si donc il y avait eu sur cette surface des parties non couvertes d'urée, il en serait résulté sur l'image des vides, ou des *manques* (1), que les vapeurs d'à côté n'auraient pas pu remplir. Si on admettait que ces vapeurs, en se diffusant, auraient pu effacer les manques, on serait obligé d'admettre qu'elles se sont aussi diffusées sur les côtés de l'image, qui ne serait plus aussi nettement limitée que ce qu'une peinture seule a pu le faire.

En face de ce dilemme, s'ajoutant à tous ceux que l'hypothèse soulève si nombreux, elle doit choisir : ou bien le corps était enfariné d'urée, ou bien les vapeurs ont pu agir dans toutes les directions. A défaut du choix par l'hypothèse c'est le lecteur qui fera le sien. Quant à moi le mien est fait, il n'y a qu'une peinture capable de fournir une

---

(1) On ne peut pas donner ce nom à ces *manques* qu'on a dit correspondre à ce qu'on a considéré comme des accidents de la nature, parce qu'alors il faudrait admettre que partout où il y avait de ces accidents (creux du genou, etc.), il n'y avait pas d'urée, ce serait encore plus énigmatique. Il faut les comprendre comme des plaques ou emplacements où l'urée manquant, l'image aurait présenté un vide. Un vide semblable ne se voit nulle part.

image telle que se présente celle que nous transmet la photographie.

L'urée, dit l'hypothèse, est entrée en fermentation. Ceci n'est pas moins inacceptable que ce qui précède. L'expérience prouve qu'elle le fait très difficilement et qu'elle est, en outre, bien lente à le faire. On a le droit de conclure de l'expérience, qu'elle n'en aurait pas eu le temps, car, par surcroît, n'y avait-il pas pour retarder encore plus cette fermentation, l'aloès et l'huile ?

L'urée, par sa fermentation hypothétique, autant que problématique, a fourni des vapeurs ammoniacales. Il aurait fallu que ces vapeurs fussent très abondantes pour imprimer une image indélébile, ce qui est douteux. Il aurait fallu ensuite qu'elles ne se soient pas répandues dans les interstices, ce qui est inadmissible. Ce serait une erreur grave de croire à autre chose qu'à leur abondance obligatoire pour un pareil résultat, et à leur diffusion inséparable de leur état. L'une et l'autre s'imposent, on ne peut pas les repousser.

Les vapeurs ammoniacales, toujours d'après l'hypothèse, ont fixé une image sur un linge imprégné d'une mixture composée d'huile et d'aloès. Et la myrrhe, pourquoi l'hypothèse la met-elle de côté ? Cette assertion est la plus contestable de toutes et rien ne pourra la confirmer.

Quoi qu'il en puisse être, la science répond victorieusement à toutes les données précédentes. Elle dit qu'il n'y a pas eu autant d'urée qu'il en aurait fallu ; que l'urée n'a pas fermenté aussi vite qu'il aurait fallu, et que les vapeurs alcalines n'ont pas pu se comporter comme il l'aurait fallu. Elle dit encore que tout cela n'aurait pu être que le résultat d'une putréfaction à laquelle l'aloès et l'huile se seraient opposés.

Quant au sang, partout où il était sec, il n'a pas pu imprimer ses traces, parce que dans ce cas, il ne faut pas cesser de le répéter, il ne dégage pas de vapeurs ammoniacales ; et, partout où il aurait été liquide, ne pouvant encore, à cet état, agir que par lui-même, il aurait dû,

forcément, être en contact direct avec le linge sur lequel il
se serait fixé. Ce contact inévitable détruirait à lui seul,
nous le savons, toute l'hypothèse.

Admettre, en conséquence, des conditions aussi excep·
tionnelles que celles imposées par l'hypothèse aloético-
ammoniacale, ce serait rendre obligatoire une action surnaturelle par rapport à ces conditions, et nous ne serions
plus, alors, dans celles qu'on exprime par ces mots em-
pruntés à l'hypothèse elle-même : « Les images de Turin
sont réellement l'expression d'un phénomène naturel. » Il
appartient à ceux qui sont compétents de dire ce qu'il faut
en penser.

Mais le rôle de la science s'efface devant celui de l'histoire et de l'exégèse auxquelles appartient plus spécialement la dernière question, celle de l'aloès.

L'aloès qui a servi à l'ensevelissement est-il celui qui se
prête aux réactions alcalines? C'est très peu probable; ou
même pas du tout. La poudre du sucotrin n'est pas un
aromate, celle de l'agalloche en est un, et si le sucotrin est
favorable à la conception hypothétique, ce n'est pas une
raison pour qu'il ait été employé.

A-t-on préparé une mixture avec l'aloès, la myrrhe et
l'huile d'olives? C'est très problématique. Une pareille
opération, aussi difficile que pénible, aurait été racontée
très certainement. Quand on sait les difficultés si grandes
qu'on éprouve pour imprégner de pareille mixture un linge
aux dimensions les plus modestes, on se demande comment auraient opéré les ensevelisseurs, avec une toile
aussi légère, de plus de quatre mètres de long et d'un mètre
trente-cinq de large. Ils n'auraient pu l'imprégner que par
imbibition. Les voit-on, dans ce cas, préparant la mixture
dans un récipient, y trempant le linge, le faisant écouler
ensuite, et régularisant enfin l'aloès à la surface, car ce
dernier procédé est obligatoire pour la bonne uniformité
de l'image. Ceux qui connaissent l'adhérence de l'huile (et
c'est tout le monde) peuvent se figurer aisément la façon
dont elle les aurait envahis. Ceux qui savent la résistance

des tissus se demanderont si une pareille toile ne se serait pas déchirée pendant de semblables manipulations.

Tout le monde aussi sait la longueur énorme du temps qu'il faut à l'huile d'olives pure pour sécher, et il ne faut pas oublier que l'huile employée fut de l'huile d'olives pure. Quel n'aurait pas été, alors, l'embarras de ceux qui, au sépulcre, sont supposés avoir ramassé le linge pour le transmettre, par des intermédiaires demeurés inconnus, à leurs héritiers indirects, 1.200 ans après?

D'autre part enfin, si le linge, après l'évènement, a été plié par simple froissement et jeté dans un coin, ou bien s'il a été simplement enroulé, comment se fait-il que l'image n'ait pas été complètement embrouillée par les macules absolument inévitables en pareil cas? En actionnant par des vapeurs ammoniacales la moitié d'un linge aloétique, en l'enroulant ou en le pliant aussitôt par froissement, l'autre moitié se couvrent de nombreuses macules qui proviennent du contact avec les parties alcalinisées. Si une toile, ainsi pliée, avait été une toile aloétique fraîchement alcalinisée, l'image n'y serait pas nette comme elle l'est sur la peinture de Turin. Tout ceci semble concluant. Qu'en dit l'histoire?

De tout cela, que saurons-nous de plus que ce que l'histoire pourra nous apprendre? Par les travaux si remarquables et surtout si hautement remarqués de M. le chanoine Ulysse Chevalier, elle nous en a déjà beaucoup appris. Elle nous a convaincu que l'étoffe de Turin n'est pas le linceul authentique du Christ, et ce n'est pas l'histoire qui a pu le contredire. C'est une science hypothétique qui l'essaie vainement, elle n'y a pas encore réussi parce qu'elle a contre elle la science positive.

Le linge imbibé de mixture au sucotrin est donc du ressort de l'histoire et de l'exégèse. La science démonstrative prouve que la formation d'une pareille image y est impossible, les historiens et les exégètes les plus autorisés disent, documents en mains, qu'il ne fut jamais employé.

Alors, que reste-t-il de l'hypothèse aléotico-ammoniacale qui se réclame, à si grand bruit, de la science positive, de l'histoire et de l'exégèse ?

Rien, absolument rien ! Elle s'écroule sur elle-même tuée par ses propres arguments.

Lui empruntant son langage, parlant d'elle, à mon tour, comme elle parle des hypothèses qui lui sont défavorables, et copiant ses phrases, je dirai : Ainsi donc l'hypothèse de l'aloès et de l'alcali « s'écroule, avant même d'avoir acquis quelque semblant de consistance. Nous pouvions prévoir sa ruine ».

Quand je dis qu'il ne lui reste plus rien, je me trompe, peut-être, car, au très humble avis que je demande la permission d'émettre, il lui reste encore quelque chose à faire. Il lui reste à se faire oublier le plus promptement possible, et à se regretter elle-même.

Le directeur de l'une de nos publications françaises les plus scientifiques m'écrivait, il y a peu de temps, au sujet du Saint Suaire : « Nos lecteurs commencent à être saturés d'une question déjà un peu vieillie et qui n'offre plus d'intérêt. »

Le public vraiment scientifique l'a, en effet, jugée cette question, qui lui paraît bien sans aucun profit pour lui. Il s'en désintéresse, il l'abandonne, donnant ainsi aux autres la preuve qu'il ne lui attache plus aucune importance, parce qu'on a été impuissant à lui en démontrer le bien fondé. La science ne se contente pas de belles phrases ; les figures de rhétorique ne font pas bien son affaire, et, au raisonnement plus ou moins imaginaire, elle préfère la preuve directe.

Or, cette preuve n'a pas encore été fournie. Des arguments sans nombre, mais trop latéraux pour avoir quelque valeur, ont été servis, quelques-uns seulement accompagnés d'expériences tellement peu appropriées ou tellement variables, qu'elles ont pu souvent devenir contradictoires. Quant à celles qui paraîtraient s'appliquer plus directement au sujet, nous avons vu comment il est possible d'interpréter leur action dans un sens inverse de celui qu'on leur attribue.

La science positive ne peut pas se contenter de ces conditions. Il lui faut des expériences avec des résultats positifs, c'est-à-dire des arguments probants, et tant qu'on ne les lui aura pas fournis, elle restera dans une réserve prudente, se désintéressant de toutes les explications inutiles parce qu'elles sont mal fondées.

C'est aux promoteurs de l'hypothèse qu'il appartient de la démontrer. C'est à l'hypothèse, et à elle seule, qu'incombe le devoir de faire les preuves du fait qu'elle a mis en avant. La science positive les attend toujours.

Elle n'a que faire d'images obtenues au laboratoire par de la poudre de zinc, par du plâtre imbibé de solutions ammoniacales, par des fumées d'acide chlorhydrique, etc. Il n'y avait rien de tout cela au sépulcre où fut enseveli Notre-Seigneur Jésus-Christ. Il n'y avait pas surtout de solutions ammoniacales. Mais elle attend qu'on lui apporte une image aussi complète que celle de l'étoffe de Turin. Elle la veut imprimée, aussi bien et pour aussi longtemps. Elle la veut, enfin, fixée par un cadavre humain, couvert de sueur desséchée, sur une toile imprégnée d'huile d'olives, de myrrhe et de véritable aloès.

Quand elle aura cette preuve entre les mains, elle discutera. En attendant, elle n'admettra aucune des conceptions aussi étranges qu'imaginaires, que les uns affirment, mais que les autres ne sont pas forcés de croire; elle s'abstiendra.

Dire, en effet, à la science que « l'analyse technique prouve quelque chose », ajouter que « l'analyse chimique ne prouvera rien », et pousser l'affirmative jusqu'à certifier « qu'il est absolument inutile de la tenter », c'est vraiment s'y prendre bien mal pour faire accepter une hypothèse imaginative toute pleine de contradictions et d'erreurs scientifiques.

La science positive réclame autre chose qu'une aussi singulière argumentation, elle demande l'examen direct de l'étoffe de Turin. Quand se décidera-t-on à le provoquer? Lorsque la science positive aura scruté cette étoffe par tous les moyens positifs dont elle dispose, lorsqu'elle aura rendu son verdict, alors, mais alors seulement, elle lui ouvrira toute grande la porte de l'histoire.

Jusques-là, malgré tous les efforts tentés pour la lui ouvrir, cette porte demeurera fermée, et bien fermée, par la science positive à ce qu'on appelle le « Saint Suaire de Turin ».

Lyon. — Imprimerie Emmanuel Vitte, rue de la Quarantaine, 18.

L'UNIVERSITÉ

CATHOLIQUE

Revue publiée sous la direction

D'un Comité de Professeurs des Facultés Catholiques de Lyon

Avec le concours

DE NOMBREUX SAVANTS & ÉCRIVAINS

REVUE PARAISSANT LE 15 DE CHAQUE MOIS

On s'abonne au Secrétariat général des Facultés catholiques, rue du Plat, 25; chez M. Emmanuel VITTE, libraire-éditeur, place Bellecour, 3, et dans tous les bureaux de poste.

Le meilleur mode d'abonnement est l'envoi d'un mandat-poste de 20 francs à l'adresse du gérant (M. l'abbé CHATARD, Facultés catholiques, rue du Plat, 25, Lyon), ou à celle du libraire de la Revue (M. Emmanuel VITTE, place Bellecour, 3).

Lyon. — Imp. Vitte, rue de la Quarantaine, 18.